精神分析という語らい

藤山直樹

岩崎学術出版社

まえがき

この本を出すことは、私の人生の節目になるような気がしている。

五十歳になろうとする二〇〇三年に『精神分析という営み』を上梓し、二〇一〇年に『続・精神分析という営み』を刊行した。この二冊は、精神分析家になっていく道筋で体験した臨床事実に圧倒された私が、その臨床事実を考えることができるようになる過程が形になったものであり、一九九一年から二〇〇五年にいたる時期の仕事が収められている。

その間、『集中講義・精神分析 上・下』の二冊も出版し、精神分析の理論の大まかな流れを私なりに咀嚼したものを語り下ろす機会も与えられた。

そして今回のこの本は同じ時期からもう少し最近までの、臨床事実を直接に検討することを離れた論考をまとめたものである。この本で私は、臨床事実そのものではなく、精神分析的な言説と語らっている。精神分析の重要な概念、フロイトや日本の精神分析家たちの考えたこと、そして精神分析というできごとについての概念化と語らっている。もちろんその語らいは、『精神分析という営み 正・続』『集中講義』で形になった、私なりの精神分析に対する視点を背景になされている。

振り返ってみると、つまるところ、岩崎学術出版社から刊行されたこの五冊の本は、精神分析というものが何であるのか、そして自分が精神分析家であるということはどういうことなのか、という問いと格闘してきた二十年の成果である。客観的に見れば、かなり貧弱な成果だが、本人としては精一杯の成果なのである。この五冊のもとになった思索の営みのあいだに、私は精神分析を私なりに自分のものにし、精神分析家というものになったのだと思う。精神分析家になったという意味は、週四回以上の精神分析に毎日従事しているという事実はもちろんだが、自分を精神分析家であると言ってもいいと感じる何かが自分のなかに確かに根付いた確固とした感覚があるということである。おそらくこの後私が何かを書くとしたら、そうした私を前提として、より自分らしく何かを創造するようなものになるのだと思う。そしてこれから先の人生では、精神分析を中心に私が面白いと思う文化活動も含め、すべてを私なりに等身大に生きていけるような気がしている。

とはいえ、私が死ぬまでにそんなに長い年月があるわけではない。精神分析を実践し、何かを遊び、その遊びと精神分析とを交わらせながら何歳まで生きていけるのか、それは誰にもわからないことである。ただ私は、今のこの時点をひとつの出発点と考えることが自然な気がしている。

＊

この本には一九九四年から二〇〇九年までの私の思索が収められている。各章の冒頭にその章の元になった稿が最初に書かれたときのことを振り返って、現在の視点からのコメントをつけてみた。蛇足だと思われるかも知れないが、こうすることでいくぶんかなりとも読みやすくなることを願っている。

＊

例によって、この本の構成をあらかじめ読者諸氏に明らかにしておこう。この本は四つの部分に分かれている。四つの部分それぞれも、そして各章も基本的に独立しているから、読者諸氏はこの本をどこからお読みになってもいいのだが、第Ⅳ部だけはちょっと性格が違う気もするので、最後に読まれた方がよいかも知れない。

第Ⅰ部は、「精神分析概念との語らい」と題されている。精神分析のいくつかの概念と正面切ってまみえた語らいの記録である。ひとつの概念と深く語らうと、自分の精神分析全体とのつながりが変化し、自分にとっての精神分析が変形される。自分にとっての精神分析をそのようにして不断に改訂され、新しくかたちづくられる。そのような運動がなくなってしまえば、精神分析は自分のなかで死に絶えてしまうのだろう。

そのような作業を人生を通して行なったのがフロイトである。彼ほどの高みに到達することは難しくても、私たちが精神分析と真に交われば、彼と同じような作業に従事することは避けられない。そうなると私たちは先達としてのフロイトと語らいたくなる。第Ⅱ部は「フロイトとの語らい」として、フロイトの初期の仕事と晩年の仕事の二つを素材に彼と語らった。けっして彼の論文や仕事と語らおうとしたのではない。あくまで私は彼と語らおうとした。精神分析が患者の話を聴くものではなく、患者を聴くものであるように、私はフロイトを聴き、何かを語ろうとしたのである。

日本で精神分析をやっている以上、私は日本の先達のことを常に意識してきた。とくにオリジナルなアイデアによって精神分析という文化に貢献した、土居健郎と北山修は、自分が彼らとかなり近いところにいた時期があったこともあって、最も気になる存在であった。私は彼らの概念に絶えず関心を向け、何かを考えてきた。「日本の精神分析との語らい」と名付けられた第Ⅲ部はその成果である。私が彼らのようなオリジナルなアイデアを生み出すことはおそらくないだろう。ただ、彼らと語らうこと、その語らいを形にすることは、精神分析を豊かにするのではないかと思うのである。

さて第Ⅳ部は「精神分析というできごととの語らい」と題した。夢見ること、非対称性、劇的瞬間といった分析実践の本質に存在するものについて触れた論考を集めた。この第Ⅳ部はある意味準備的な仕事であり、私が今後精神分析という営み、できごとにさらに深く触れるための基本的観点を準備する予告編の趣がある。ここに展開されている論は未熟で粗削りではあるが、予告編をいずれ本編に仕上げて皆様にお目にかけられればよいと思っている。

＊

書くということは結局、自分を変化させることになる。何かを書いて人間が変わらないということはない。この本に収められている各章のもとになった仕事を書き表すとき、私は微妙に変わったのだろう。今の私をかたちづくったもののひとつが書くことであったと思うし、最近、その意義は想像よりずっと大きかった気がしている。

精神分析を続ける限り、私は何かを書いて生きたいと思う。この本も、そしてこれからも私が書くものも皆様が読んでくだされば幸いである。

藤山 直樹

目次

第Ⅰ部　精神分析概念との語らい

第一章　エディプスのとば口

私がほんとうに精神分析家という生き方を意識しはじめたのは一九九三年のいわゆるアムステルダムショックがきっかけだった。私はこのとき、象徴的に去勢された。楽園的で万能的な乳児の世界にはっきりと父親が姿を現した。その結果として、私は父のようになること、精神分析家になることを考えたのだった。この時期、私はエディプスについて考えざるを得ない内的必然を抱えていた。

ありがたいことに、この頃、私は日本精神分析学会でエディプス・コンプレックスを主題とする二つのシンポジウム（一九九二、一九九三）でシンポジストとして話す機会が与えられた。この一九九四年に書かれたエッセイはそうした取り組みの成果である。九〇年頃に読んだブリトンの「失われたリンク」、オグデンの「移行的エディプス」という二つの概念に助けられて、私はエディプス的なものを何とかものにしようとあがいている。

私は、エディプス・コンプレックスが精神分析にとって最重要の概念のひとつだという考えを依然抱いている。現在、精神分析が精神分析らしく生きつづけることについて思いを致さねばならない情勢の下で、私はエディプス・コンプレックスという概念を精神分析は絶えず再発見する必要があると思うのである。

私の患者が、「私は母親からほんとうに逃げださなきゃいけなかったんですよね、エディプス・コンプレックスとはまったくべつのところで」と最近言いました。当然、あなたもおわかりかと思いますが、この分析ではのりこえられるべきエディプス・コンプレックスもありました。しかし、この分析（もし一例を例に引けと言われればですが）のなかには、健康な赤ん坊は共生的関係とときにいわれるようなものをこえて成長するように決定付けられているのだ、という事実も残っており、しっかりと認められていたのです。「ウィニコットのベンジャミン・スポック博士への書簡」（一九六二）より

（In Rodman, F. R. [ed]: "The Spontaneous Gestures". Harvard Univercity Press, Cambridge, 1987）

はじめに

エディプス・コンプレックスが精神分析的発達論の文脈のなかで、最初にどのような形でこころのなかで兆し、その姿を現すのか、という問題はたいへん興味深い問題である。こころのなかにエディプス・コンプレックスがどのように姿を現すのかを、そのとば口のところ、まさにそれが現れようとするところにおいてとらえることは、ひとのこころの発達の本質にかかわることだと考えられる。その探求は、エディプス・コンプレックスがどのように人間の人間としてのこころの成立にかかわるのか、という根源的問題に触れる可能性があるだろう。

フロイトが自己分析を経て最初に精神分析というものを見いだしたとき、同時に彼はエディプス・コンプレックスをも見いだした。精神分析はエディプス・コンプレックスを媒介にして姿を現したともいえる。子どもが母親に性的な欲望を抱き、それがゆえに父親を亡き者としてそれにとってかわろうという考えをもち、そのために懲罰的な恐れにおののく、という物語をなすひとつながりの空想の束、エディプス・コンプレックスは、精神分析そのものと不可分の概念である。それはきわめて多産的な概念でもあった。ひとのこころのさまざまなはたらきがエディプス・コンプレックスという視点から解釈可能であること、言い換えれば、ひとのこころが意味を性的な意味としてエディプス・コンプレックスの文脈にそって生成する、という理解こそ、フロイトにとって基本的なアイデアであった。

フロイトがすぐれた神経学者として出発したことはよく知られており、彼は自分のアイデアと生物学との統合に絶えず気を配っていた。すなわち、精神分析的思索はその出自からすでに、生物学的思考を視野におくことを要請されていたと言えよう。エディプス・コンプレックスが系統発生的に遺伝された幻想として子どものこころに姿を現す（Freud, S. 1916–1917）とすれば、エディプス・コンプレックスは、精神分析と生物学的思考とをつなぎとめる留め金としての役割を担って登場したのであり、生物としてのヒトがどのように人間となりえるのか、という問いこそ、フロイトがエディプス・コンプレックスを媒介として答えようとした問いである。

精神分析はフロイトから出発したが、その後の精神分析家たちは自分がフロイトの思考を受け継ぎ発展させたと信じながら、さまざまな点で互いに対立するいくつかの学派を形成した。現在、エディプス・コンプレックスのような精神分析にとって基礎的なアイデアについて考えるとき、そのようなさまざまな学派の言説をよく吟味することが前提になるのはいうまでもない。アンナ・フロイトの流れをくむ自我心理学派、メラニー・クラインの流れをくむクライン派、クライン派の影響のもとに形成された独立学派、そして正統的な精神分析の権威に背を向けたラカン派は、それぞれフロイト以後の精神分析的思索の主要な潮流である。それぞれのエディプス・コンプレックス理解を拡張したものであるが，そこには根本的な差異が見いだせる。ここで私はクライン派と独立学派，すなわち英国対象関係論の視点を基礎として論じている。

本能としてのエディプス・コンプレックス

フロイトにとって，エディプス・コンプレックスとは，空想として系統発生的に遺伝されたものであった。子どもが実際にもつ両親との関係にかかわらず，彼は去勢不安，原光景体験，近親姦的な誘惑などを体験する（Freud, S. 1916–1917）。子どもが体験する実際の体験は，原空想としてあらかじめ準備された意味生成の文脈にそって心的体験として組織化され，子どもの動機づけや情緒のシステムに影響を与えるポテンシャルをもつことができる。フロイトにとって，性的な意味は心的意味の中核であり，エディプス・コンプレックスは性的な意味創造のための媒介である。エディプス・コンプレックスが生得的，遺伝的に生物学的なものとしてヒトに与えられていることは，人間が心的意味をまったく自由に，まったく新たに創造することはできない，という言明であるとも言える。

このことは，子どもがあらかじめこの世についての何らかの知識を遺伝されて生まれてくる，と言い換えられるだろう。しかし，ここでいう知識という言葉は，私たちが日常使用している知識という言葉とは異なった意味合いを帯びている。生まれたばかりの乳児は，乳房を思い浮かべることはおそらくできない。彼の表象世界はそれができるほどには成熟していない。このことを，「乳児は乳房を知らない」と考えることもできるであろう。たしかにそのような形での乳房についての知識を乳児はもっていない。しかし、最初に乳児が乳房に遭遇したとき、彼はそれを乳房として扱うであろう。彼は主観的には乳房を知らない。しかし、彼は乳房を知っている。「自分は乳房を知っている」という主観的な体験をともなわない知識の形で、彼は乳房を知っているのである。ビオンはこのような形の知識を前概念 preconception と呼んだ（Bion 1962）。

本能という言葉は、きわめて原始的で混沌としたエネルギーを連想させる。たしかに、フロイトは本能の目標を緊張の放出と考えた（Freud, S. 1915）。しかし、クライン派は「無意識的空想」という概念を導入することで、フロイトの考えを拡大した。クライン派の理論のなかでは、無意識的空想は本能の「心的帰結」（Isaacs 1948）である。生物学的なものとしての本能は、イドを通して変形され、対象関係性をもった無意識的空想の形で心的世界に姿を現す。言わば、無意識的空想はヒトの生物学性の心的あらわれであり、クライン派にとって心‐身問題を考えるうえでの本質的架橋を形成するものなのである。そこには、本能は対象関係性と特定の文脈とによって組織化された形でしか心的世界に現れえないのだ、という含意がある。この無意識的空想という概念は、フロイトの原空想という概念を最早期の乳児のプレエディパルな心的活動の領域にまで拡大したものだ、と言えるであろう。そしてそれは、概念の可能態としての前概念という形で乳児のこころにあらかじめ存在している。

そこでは本能は緊張放出を必要とする無秩序なエネルギーではなく、意味を生成し組織化するためのコードを形づくっている。こうした本能‐無意識的空想系の機能を、オグデンはチョムスキーの言語的深部構造になぞらえて「心理的深部構造」（Ogden 1986）と呼んだ。このような原空想概念の拡大を受け入れれば、原空想としてのエディプス・コンプレックス、たとえば両親の性交に曝される体験＝原光景体験をめぐる幻想が、早期の乳児にも作動しているということは自然なこととして受けとめられる。そのような早期の原光景空想はクラインによって「結合両親像」として記述され直されている（Klein 1929）。その、永続的な性交に繋ぎとめられている両親、もしくはその性器ついての空想は、性器愛的、口愛的、肛門愛的な要素を同時に帯びるものである。クライン派にとってのエディパルな心的世界は、その内容において未分化で、体験のしかたにおいて主観性を帯びていない無意識的空想として、すなわち「早期エディプス状況」として乳児のこころにその姿を現すのである。

このような無意識的空想についてのクライン派の概念化について、たとえばピアジェの認知発達論などを足がかりにしたさまざまな批判が加えられてきた。そのような早期の乳児に内側と外側の区別ができるのか、母親の不在のときそれを表象できるのか、母親と他の人物とを、そもそも自己と非 - 自己とを区別できるのか、といった批判である。これについては、最近の乳幼児発達心理学的研究が、ピアジェが考えていたよりもはるかに高度の認知機能、対象操作機能を早期の乳児に見いだしてきたことによって、クライン派の発想のある意味での革新性、現代性が明らかになってきたと言えるかもしれない。

エディプス・コンプレックスを容れるこころのありかた

もっとも一般的な精神分析発達論の準拠枠になっている、口愛器、肛門器、男根期、性器期という枠組みは、フロイトの『精神分析入門』（1916–1917）からアブラハムの『リビドーの発達段階史試論』（1924）にかけて確立したものである。そこに提示されている、ひとつの段階からひとつの段階へと順を追って心的組織が発展してゆくという線形の発達モデルは、「発達ライン」（1965）という形でアンナ・フロイトによってさらに洗練され、マーラーの分離

‐固体化論、別の方向ではエリクソンのライフサイクル論へと受け継がれた。自我心理学が依拠してきたのは、このような発達の通時的 diachronic な観点である。この観点からみるエディプス・コンプレックスは、子どものころにある時期から現れ、「通過」されてゆくものである。そして、それへの「固着」、「退行」が病因的な意義をもっている。そこでは、エディプス・コンプレックスは男根期にその形を現すものであると考えられている。それはすなわち三歳過ぎになって出現するのであるから、それ以前の問題は、前性器期固着、退行もしくは発達停止として病因的なものになり、エディパルな三角形化された心的内容は関与していないということになる。

クライン派が提起した発達論には、このような理解とは異なった観点が内包されている。たしかに精神性的発達は時間軸にそって進展してゆくものであるが、同時に、すべての発達段階が「最初から」いっしょに存在もしている、という理解がそこにはある（Klein 1932）。口愛的、肛門愛的、尿道愛的、男根愛的な性的体験を、はじめから乳児は同時に体験しているのである。発達についてのこのような観点、共時的 synchronic な観点はクライン派の理論のさまざまな側面に浸透している。たとえば、妄想‐分裂ポジションと抑うつポジションというふたつの心的組織も、発達のなかで前者から後者へと継時的に進展すると同時に、乳児から成人までのあらゆる個人のこころのなかで共存しているものだと考えられている。このような観点は、「ある問題の決定的解決のために発達の一時期が費やされ」、そのような各段階が「人生において順々に起こってくる」などということは不合理である（Stern 1985）、という最近の乳幼児観察研究の見解とある意味で一致するものである。

すでに述べたようにクラインの考えでは、エディプス・コンプレックスはきわめて早期の乳児のこころに姿を現している。エディプス・コンプレックスは単に「通過」されたり「ワークスルー」されたりするものではない。クライン派はそれが抑うつポジションの文脈のなかで発展し成熟することを理論化したが、エディプス・コンプレックスがより早期には萌芽的な形で部分対象関係的な妄想 - 分裂ポジションの様式で組織化されることがその前提となっている。その様式において、体験は主観性を帯びたパーソナルな体験ではない。つまり、その体験を生み出しているものとしての自分自身、という心的体験を乳児はまだもつことができない。そこでは体験はただ単に生起するものである。それは、誰かにとって起きるものでもなければ、誰かのものとして生じることもない。クライン派の後継者たち（ビオン［1962］、ビック［1968］、メルツァー［1975］ら）は、早期の心的体験をそのように考えていると思われる。そこでは体験はいわゆる「ものそれ自体」として、登録されるものであり、誰かによって思われたり、感じられたり、生み出されたりするものではない。体験が（外側から見ると）誰かに属してはいるが、その体験主体を欠いている、という逆説的なありかたこそ、最早期の心的体験の本質なのである。

フロイトが概念化した、自分自身の欲望をもち、それゆえに葛藤する個人としての父親、母親、子どもからなる三角形は、この体験組織化様式、すなわち妄想 - 分裂ポジションを中心として心的体験を営んでいる乳児、早期の幼児のこころにはごく萌芽的にしか現れることが不可能である。そこに優勢なのは、部分対象関係的で主観性を欠いたエディパルな心的体験なのである。まだこころには全体対象を容れておくための空間が生まれていない。対象のよい側面とわるい側面とは切り離しておかないと危険であり、どちらかを分割して排除する必要がある。そのため対人交流は、主体（観）的にそれぞれの感情、思考を営む全体的な個人のあいだのできごとではなく、心的内容を分割と投影同一化を介して直接的に他者のなかに押し込むことによるほかはない。ここでは心的体験は人間的なできごとではなく、むきだしの「ものそれ自体」である。このような心的世界から、乳児はより人間的でパーソナルな心的世界、自分自身の欲望、感情、思考を自分自身のものとして体験する心的世界へと徐々に進展する（もちろん、このふたつの心的世界は絶えず共存してもいる）。

このように進展し、かつ共存する複数の体験組織化様式のなかに、エディパルな体験は容れられている。視点を変えてみると、こころはエディパルな体験を営むことを通してその体験組織化のありかたを熟成させてゆくのである。そして重要なことはこの熟成がほぼ、妄想‐分裂ポジションから抑うつポジションへの進展と並行しており、分割と投影同一化を介してふたりの個人のあいだで営まれるインターパーソナル（対人的）であると同時にイントラサイキック（心的内界的）な過程、力動的で間主観的な過程を媒介としていることである。この過程は、ビオンのいうコンテイニング（Bion 1962）に相当する。

本能から送り込まれたエディパルな空想は、そのような意味では人間的なこころの発生に本質的に関与している。私は、ひとが自らについて想いをめぐらせ、省察するという営みをもつために必要な第三者性という体験要素を準備するもののひとつは、エディパルな原空想、わけても原光景空想に含まれる三角形性である、と考えている。そのようなすぐれて人間的なありかたが、本能＝生物学に由来するという理解こそ、精神分析の本質にかかわっている。

移行的第三者――いわゆる「エディパル」と「プレエディパル」とをつなぐもの

精神分析的実践において、患者がもたらした素材（連想、態度、行動、雰囲気など）、転移の性質などが「エディパル」である、とか「プレエディパル」である、とかがしばしば言及される。しかし、今まで述べてきた考えかたからすると、エディパルな原空想は最初から幼児のこころに作動しているのであるから、エディパルなこころとプレエディパルなこころという二分法はいささか不適切ではないか、という考えが当然浮かび上がってくる。しかし一方で、臨床のなかでこのような区別をつけることがたしかに有用であるという実感を、多くの精神分析的な臨床家がもっていることも否定できない事実であると思われる。

すなわち臨床家は、患者の提供する素材（もちろん臨床家の感知した「いま、ここ」での臨床家とのかかわりも含めて）のなかに、性的な欲望、感情、思考に彩られた明瞭な三角形性の開花する局面を経験する。直観的にはそれを読みとれない状況から、ごく直観的に感じとれる状況への進展、またはその逆の推移に実感的に遭遇する。その臨界的な局面を「エディプスのとば口」とでも呼んでおこう。この臨界的な局面で、全体対象としての父親、母親、子どもからなる欲望の三角形が、ある広がりのある空間として姿を現しはじめた、という実感的体験を治療者はもつ。私個人の経験では、治療者は文字通りの「窮屈な身体感覚がある種の自由さを獲得する体験」から、「身体性」を引き算したような体験を味わう。その推移の過程は、ミクロに見ると跳躍的な（線形で連続的な、ではなく）特性をもつように思われる。こころのなかで抑うつポジションと妄想‐分裂ポジションというまったく異質の体験組織化様式が交錯し、対話する臨界に、エディパルな空想が作動する、その局面に治療者が遭遇／参加する体験である。

この臨床場面に見いだされる「エディプスのとば口」は、分析的な治療関係のなかにある患者という「臨床幼児」のみならず、まさにその年代にある「被観察幼児」にも見いだすことができるのかもしれない。これについて示唆的なある観察事例をあげよう。

三歳二カ月の男の子が、父親にじゃれながらこう言った。

「おとうさん、夜おかあさんとチュキチュキしてるでしょう。ぼく、見たことあるよ。見てるとね、おちんちんがかたくなっちゃうんだよ」

この男の子はそういいながら消え入りそうな恥ずかしさとある種の媚びをたたえていた。

この男の子の原光景体験が実際の体験であるかどうかは、誰にも知ることはできない。たとえ実際の体験でなくとも、彼の原光景空想が主観的な空想として彼に体験されはじめたことは間違いない。そして、この男の子にとってすでに性的欲望は主観性を帯びて体験できる一歩手前まできていると言えるだろう。しかし、依然彼のエディパルな心的体験が分割を用いて組織化されている側面もある。すなわち、彼は一方で父親のファルスと同一化して原光景に参加している。だからこそそこで彼はある興奮を体験する。しかし、それを十分に自らの欲望にもとづく興奮として体験することはなく、ただ単に「おちんちんがかたくなる」という自動的な体験として体験してもいる。そして、彼は原光景に参加する体験だけでなく、それを観察する体験をも体験する。第三者として原光景を観察する体験を父親に報告しながら、今度は受身的‐女性的な態度で父親に媚び、父親のファルスを受け入れて原光景のなかに組み込まれようとする。すなわち、彼は原光景参加体験と第三者性の体験とのあいだにある葛藤を統合的に体験できない。

この子どもは、参加する体験と第三者性の体験、男性的な体験と女性的な体験を切り離して、無自覚に並列的に体験している。しかし、この発現の全体にはある種の主観性の兆しも感じられる。このような段階の原光景空想体験は、フロイトのハンス症例（Freud, S. 1909）にもみることができる。ハンスは、夜、「つぶされたキリン」（＝母親）を「大きいキリン」（＝父親）に吠えられるが、それでも「つぶされたキリン」にのっかった、という空想を報告する。そこで、彼は男性として原光景に参加している。しかし、これとほぼ同時期にハンスが報告するのは、彼が父親といっしょになって「縄をくぐった」り、「窓を割った」りする空想である。父親を男根的欲望の競争者とみる第三者性をもつ体験と、同じ欲望を共有する親密な共犯者とみて原光景に父親といっしょになって参加する体験とが、主観的な葛藤をもつことなく並存しているのである。

このように子どもの報告する原光景空想にもとづく空想，隠蔽記憶，夢などには，さまざまな程度に分割が作動している。それは完全に妄想‐分裂ポジションを旅立って，抑うつポジションのみで機能する人間がいないことからみて当然である。しかし，私の考えでは，分析的実践のなかで出会う患者＝「臨床乳児」の場合と違って，現実の発達途上にある「被観察乳児」においては「エディプスのとば口」という臨界的局面を見いだすことは困難である。

「エディプスのとば口」というきわめて微妙で決定的な局面に近づくとき，客観的な乳幼児観察こそ事態の本質に「科学的に」近づきうる方法だ，と考える立場もあるかもしれない。しかし，そうとは限らない，と私は考える。なぜなら，前述したように変化は力動的で間主観的なできごとである。変化の主体は子ども（患者）でもなければ，母親（分析家）でもない。投影同一化によって非主体的に心的体験を排出する側でもなければ，その投影同一化の受け手でもない。変化の主体は，おそらく二人のあいだの間主体的領域に位置づけられねばならない。そこでは，その「あいだ」の主体との関連で，母親／分析家は絶えず「自分」を失っている（こうして位置づけられた第三の実体を，オグデンは［間主観的］分析的第三者 the [intersubjective] analytic third として概念化し，精神分析的営みの本質をこの視点から論じた［Ogden 1994］）。ウィニコットが「ひとりの乳児などというものはいない」（Winnicott 1960）と言ったことのひとつの意味がここにある。子どもの間主観的な領域での変化は，そのような過程をともに営むものにしか感知されえない。つまり，育児や精神分析的治療といったもののなかで，部分的に「自分を失う」ことを引き受けている当事者（「彼女自身を彼女の乳児の空間において感じている」［Winnicott 1956］母親，同時に乳児を彼女自身の空間において感じている母親でもあるが）のみが，理論的には真にその変化に立ち会うことになる。その意味では，乳幼児観察者のほうが精神分析家より有利な立場にいるとは，必ずしも言えないのである。

二〇代後半の知的職業に従事する青年は、性別同一性の不安（「自分はオカマではないだろうか」）を主訴として、精神分析的精神療法を求めた。彼は自分のペニスが何らかの奇形であると感じていたが、実際見て確かめることはできなかった。彼がそうしようとすると「霞がかかったように」現実感が失われるのであった。

当初の蜜月が終わると、治療は膠着した。彼は治療者の前で強く緊張し、さまざまに合理化で偽装しつつ、しばしば治療から去ろうとしはじめた。それは去勢不安によるものと考えられたが、彼はそれを主観的に体験することができなかった。治療者がそのような動きを去勢不安のあらわれとして解釈し、彼の気持ちにふれようとすることはさらに緊張を強め、雰囲気を窮屈にした。

しかしある時点から、苦痛に満ちた面接の後でも彼は立ち直った印象で次回の面接に現れるようになった。彼は面接と面接のあいだに「セルフカウンセラー」（特定の著者）と「セルフカウンセリング」（むさぼるようなその著者の書物の読書）をしていた。半年にも及ぶあいだ、「セルフカウンセラー」として彼は治療者と類似点のある対象を次々と選んだ。治療者は「セルフカウンセラー」への嫉妬や競争心のようなエディパルな情緒を感じたが、黙って彼の動きを見守りつづけた。最後にそれは、高名の精神療法家になって、治療者ともっとも近似した対象となった。

その頃、彼はようやくリアルな男性としての治療者と関わり始めた。たとえば、彼は治療者が彼の前に治療している若い女性と遭遇して、「先生は女にもてるのか」とおずおずと尋ねたのである。彼は、はじめて自分のペニスをまじまじと眺めたこと、「自分のはまあ何とかなりそうだ」と感じたことを報告した。そして、去勢不安にもとづく治療者とのあいだの緊張感を言葉でやり取りしても、患者がそれほど動揺しないことに治療者は気づいた。

この局面が、私が「エディプスのとば口」であると考えるものである。当初、主観的に体験できない雰囲気や行動化の形で排出されていたエディパルな心的体験は、主観性（私‐性）を帯びた様式で体験されはじめ、全体的な個人としての対象を容れる空間がこころのなかに生成されている。患者自身の欲望をめぐる不安も、現実感を剝ぎ取られることなく、自分自身のパーソナルな創造物として味わい、葛藤することが可能になってきたのである。この局面を越えることによって、治療者と患者はエディパルな心的意味（たとえば去勢不安）を互いに創造し、解釈することが可能になった。そこには全体的な個人の主体的な欲望に彩られた三角形が現れたのである。治療状況はプレエディパルなありかたから、エディパルなありかたへと跳躍的に進展した。

この過程のなかで患者は「セルフカウンセラー」という第三者を導入している。「セルフカウンセラー」という言葉使いが現すように、この第三者は過酷な面接の後で治療者の不在という状況に直面して、彼が自分自身を抱えるために万能的に創造した「環境としての母親」であった。しかし、同時にそれは彼が発見した外的対象（本の著者）でもある。空想と現実とは、この第三者の上で交錯し、対話している。このことは、この「セルフカウンセラー」＝第三者がウィニコットの言う意味での移行対象であり、この現象が移行現象であることを意味する（Winnicott 1951）。また、そのように生成された第三者はしだいにエディパルな空想を付加され、「父親」として患者と治療者によって体験されるようになる。母親の不在を持ちこたえるために創造／発見されたこの第三者はエディパルな父親でもある。つまり、この第三者は母親としての父親であり、同時に父親としての母親である。このありかたはオグデンの言う「移行的エディプス的対象関係」（Ogden 1987）という概念を思い起こさせるものである。

ここで出現した第三者はこうして、二重の意味で移行的である。それは、空想と現実（内側と外側）、男性と女性という二組の対立極のあいだの空間のなかにあらわれ、「空想でもあり、同時に現実でもある」、「男性でもあり、同時に女性でもある」という二組の逆説を含みこんでいる。この逆説をはらんだままに存在しつづける空間こそ、ウィニコットが「可能性空間 potential space」（Winnicott 1971）と呼んだものに他ならない。移行的第三者は性的な意味が空想と現実のはざまに生成されはじめたときに姿を現す。エディパルな外的対象に直接に遭遇するという、あまりに侵襲的な体験よりまえに乳児は移行的なありさまで性的な意味を体験するのである。

精神分析的実践はこのようにある臨界的局面を明瞭に描き出す。移行的第三者がこの患者の導入した「セルフカウンセラー」のように明確に姿を現すとは限らないが、そこではたしかにある進展に不連続に直面する感覚がある。それは、私たちが患者の心的内容を引き受ける立場であるからこそ遭遇できるものである。その意味で精神分析は子どものこころの本質に、乳幼児研究とは違った次元で近づきうるのである。

第三者性の体験の進展――去勢不安という体験

ここで男の子特有のエディパルな体験である、去勢にまつわる体験を考えてみよう。フロイトは、男の子も女の子ももともとの愛情対象は母親であり、エディプス期になって女の子は父親に愛情対象が移動するが、男の子は愛情対象の移動がないために、男の子のほうがエディパルな世界に入るのに困難が少ない、と考えた（Freud, S. 1925）。しかしこの議論は事態をあまりに単純化している。ここには、プレエディパルな内的対象としての母親との関係と外的対象としてのエディパルな母親との関係とのあいだに横たわる、歴然とした対象関係性の質の相違が考慮されていない。プレエディパルな母親とは、子どもの万能的な空想のなかの母親であり、外的対象としての母親は現実のひとりのパーソンとしての母親である。子どもが外的対象としての母親と出会うのは、クライン派の文脈では抑うつポジションの体験組織化の文脈でであり、ウィニコットの考え方では、内的対象を脱錯覚によって破壊（放棄）し、そのスペースに破壊を逃れて生き残った外的対象を位置づけることをとおしてである（Winnicott 1968）。

そうしたわけで男の子には、固有の困難が生まれる（Ogden 1989）。エディパルな母親とプレエディパルな母親が、同一人物である、という困難である。つまり、彼はかつて万能的な対象であった母親から、外的でリアルなエディパルな愛情対象としての母親を創造／発見せねばならない。このことは、彼のエディパルな体験が万能的な母親とのプレエディパルな体験に侵食されやすいことを意味する。このことが、参加する／組み込まれる体験と観察する／暴露される体験との強い力動的緊張を、第三者性の体験の生成に際して男の子に生むのである。男の子は、エディパルな愛情によってのみ原光景のなかの母親に引き寄せられるのではなく、プレエディパルな合体へと向かう引力によっても引き寄せられる。そのため、彼が第三者性の体験をもつことは安全にはできない。このことが、去勢不安に迫害的なプレエディパルな性質を帯びさせることにつながるし、そもそも去勢不安という体験をなぜ男の子がもつのか、という問題へのひとつの回答にもつながる。つまり去勢の体験は父親という存在によって明確に形を与えられる前に、二つの種類の母親とのあいだの、質の異なる二つの体験の差異のなかにその萌芽を現すのである。このことはさらに、第三者性の体験を熟成できないことによる窃視的倒錯が男性に多いこと、ポルノグラフィを楽しむのが主に男性の文化に属することなどに対する理解を広げる可能性もある。

私たちが、自分が自分自身の体験の創造者である、という感覚を生成するためには、つまり私たちが「自分の生きる場所」を見いだすためには、逆説的ではあるが、その体験をある程度距離をおいて見なければならない。つまり、主体（観）的であるためにはある程度非主体（観）的でなければならない、という逆説を私たちは生きねばならない。

主体（観）性と非主体（観）性を対話させることこそが、人間にとって主体（観）を生成することであるという逆説が常にいきいきと営まれねばならない。去勢という第三者性にまつわる体験が発達の過程において熟成されてゆく道筋を理解することは、このような問題を考えるときの重要な視点のひとつである。移行的な可能性空間にエディパルな原空想が導入する秩序は、主体（観）的に生きる、何ものかについて想いをめぐらせる、という私たちの営みのひとつの根拠なのである。

おわりに——対話のはじまり

エディプス・コンプレックスをひとのこころがどのように体験しはじめるのか、そしてその体験がどのように熟成しはじめるのか、を主に英国対象関係論の文脈のなかで考えてきた。そのなかで、原空想としてのエディプス・コンプレックスがこころにもたらす三角形性にひとは移行的な体験をとおして出会うこと、そしてエディパルな体験の熟成がひとが自分自身や世界について考える機能を保証していることを論じた。

このような本質的な問題に対して、精神分析的思索を深めようとするならば、さまざまな学派との対話に開かれていることが必要である。精神分析的思考の本質は対話であると信じるからである。この主題はゆうに一冊の書物を必要としようが、最後に私が言及できる範囲でその対話の一端に触れてこの小論を閉じたい。

この領域で創造的な仕事をした自我心理学派の分析家として、ブロス、アベリン、ストーラーの名前をあげたい。ブロスの「二者期の父親」（Blos 1985）、アベリンの「早期三角形化」（Abelin 1975）、ストーラーの早期性別同一性発達についての研究（Stoller 1985）などで語られている現象は、ここで私がとりあげた心的世界ときわめて近いものである。たとえば、ブロスは二者期における分割の優勢、十分に開花したエディパルな心性が弁証法的な思考過程を可能にすることなど、思考の能力と対象関係のつながりにさえ言及している。彼の思考は、クラインの妄想‐分裂ポジションと抑うつポジションの概念化、ビオンの「考える」能力の議論にほとんど接している。しかし、彼はウィニコット以外の英国分析家をほとんど引用していない。また、内的対象の概念が明瞭に用いられず、自我心理学的な対象表象概念がおもに使用されているが、対象関係論ときわめて近いところに思索は及んでもいるのである。

そして、この領域での精神分析的思索について対話を試みる必要のあるもう一方の思考は、ラカンの思考であろう。私はラカンについて多くを知らないが、私の理解するところでは、彼にとって主体は「大文字の他者」によってしか語られず、その無意識の主体は、自覚的な主体と切り離され、永遠に対話することがなく、知られることもない（Lacan 1954–1955）。おそらく私が提起したような、移行的で対話的な形で第三者が現れることは彼にとっては不可能なことであり、主観性と非主観性の交錯など錯覚なのかもしれない。

第二章　ナルシシズムと心的な死

自己愛という言葉が一人歩きしてしまった。この論文を書いて以後、私は narcissism の訳語として自己愛を採用するのをやめた。ナルシシズムはフロイトにとって、精神分析にとって、単に自分を愛したり、うぬぼれたりすることとは違う特別な概念である。ナルシサスを語幹としたひとまとまりの固有名詞的用語としてフロイトがそれを提起し、そこに「自己」も「愛」も含まれていないことは重要なことだと私は思う。

この論文は日本精神分析的精神医学会でシンポジストとして話したことが土台になっている。私は人から頼まれて場を与えられないとものを考えない怠慢な人間なのだ。こうしてものが書け、何かを考えられることが他人様のおかげであることをつくづく思うものである。ナルシシズムとは、他人様に自分をつなぐそうした恩恵にあずかれないことなのだろうと思う。

はじめに

ここで私はナルシシズムにまつわる三つのトピックを取り上げたいと思う。私は自己愛という言葉を用いず、ナルシシズムという言葉を用いている。それに理由があることは、この後を読んでいただければわかっていただけるであろう。三つのトピックはたがいに関連をもつが、とりあえずはナルシシズムという言葉に刺激されて私の頭に浮かんだ三つの方向のアイデアを思いめぐらしているうちに生まれたものにすぎない。どれほど新しい考えを提起できているか、いくぶん疑問でもある。

心的な死——フロイトによるナルシシズム概念

まず前提として、私がフロイトによって提起されたナルシシズムという概念をきわめて精神分析的なものだと考えていることは強調しておく必要があるだろう。現在その言葉はすでに日常語の語彙のなかに収納されており、精神医学もたとえば、パーソナリティ障害の分類のひとつとして使用している。こうしたことは精神医学にとっては大きな恩恵であったと思われるが、この概念をそもそも見出した精神分析にとってはあるいは微妙に心苦しいことであった可能性がある。そもそも精神分析の概念を他の領域で用いるとき、そこにはたいてい大きな歪曲が生じる。歪曲というのは不正確かもしれない。精神分析概念としてそこにあったときの奥行きや陰翳が削ぎ落とされ、一方向的な視界が現れ、使うほうも受け取るほうも視野が狭まってくる、といったほうが適切だろう。精神分析と精神医学は本来別物である。精神分析が精神医学とも心理学とも哲学とも十分な概念的差異を確保したときにこそ、それらとの対話による生産性は豊かになるのであろう。精神分析に由来したひとつの概念が精神医学に流れ込み、精神医学の概念として一人歩きしはじめ、そのあとで再び精神分析に戻ってくると、その概念が変質してしまうことがある。

ナルシシズムはそのいい例なのではないかと感じられる。フロイトが提起したナルシシズム概念は、精神分析という文化のなかで、きわめて複雑な多義性を帯びるようになった。現在それは、性倒錯のありかた、発達段階、対象関係のありかた、自己評価をめぐるさまざまなありかたというようなものを包含している。しかし、たとえば土居の「甘え」という言葉があまりに多義的でありながら、その多義性と曖昧さゆえにある種の生産性をもつように、ナルシシズムもきわめて多義的で曖昧であるからこそ、私たちの用語法のなかに維持されているのだとも考えられる。さまざまな領域の現象をナルシシズムというひとつの言葉で記述するときに浮かび上がってくる、それらの現象に共通する本質についての認識は、精神分析的思索にとってきわめて有用であった。だからこそ、この概念は維持されてきたのである。逆に言えば、それほど多様な水準の意味をひとつの言葉が包み込むことが、こころというものを考えるときに、有用な手続きだと考えられるのである。しかし、こうした多義性が必然的にある種の混乱を生むことも事実である。

おそらく、ナルシシズムは、フロイトが最初に意図した限界を超えてその意味領域を拡張してきているようである。しばしば「ナルシシズムの病理」「自己愛の病理」といった言い方を耳にする。それらはよく考えるとかなり理解に苦しむ言葉である。「ナルシシズムの病理」という言葉をふつうに受け取れば、ひとつの理解としては、通常のあり方をした「ナルシシズム」が何らかの事情で病理的になったという事態だと受け取られるだろう。「心血管系の病理」

というような言葉と同じように。ナルシシズムというものを冒すさまざまな病理形態がある、という含みがあり、本来なら正常で健康なナルシシズムがいろいろなタイプの病理に冒される、というイメージが浮かんでくる。しかし、これはフロイトが考えていたことを越えている可能性がある。

手始めにフロイトの一九一四年の論文、「ナルシシズムの導入について」（Freud, S. 1914）（この論文の題名中の introduction を人文書院版が入門と訳したのは、誤訳といっていいだろう）の冒頭の一、二ページを読んでみよう。ナルシシズムという概念がフロイトによって着想されたとき、単に自己に向かう愛情のことを彼が思い浮かべていたのではないことが、ここには見て取れる。書き出しにおいて、彼はまず倒錯との関連でこの言葉を持ち出している。「自分の身体を見、いわば撫で、さすって、そういう活動を通して完全な満足を手に入れるにいたる。この程度まで発展すると、ナルシシズムは主体の性生活全体を吸収するひとつの倒錯という意味をもつ。その結果、それはすべての倒錯についての研究において出会うだろうと予期される特徴を示すのである」（七三頁、筆者訳）。この論文の後のほうでフロイトは「自我 das Ich にふりむけられたリビドー備給」というようにこの概念を再定義しているようにみえるが、それでも彼がこのナルシシズムという言葉をそのまま維持していることは注目に値する。

そもそも現在ナルシシズムは自己愛という言葉で語られることの方が多い。それほど一般化したその訳語に私が疑問をもっていることはいくぶん奇妙に感じられるだろう。ただ、この訳語が原語のニュアンスを削いでいる可能性はもっと留意されてもいいように思う。そもそもフロイトが書いたドイツ語の Narzissismus にも、その訳語である英語の narcissism という言葉にも、「自己」という言葉も「愛」という言葉も含まれていない。ドイツ人にとっても英米人にとっても、この言葉がギリシャ神話のキャラクターである Narcissus に由来することは前提となっているだろう。少なくともこの言葉を一八九九年にエリス Ellis の影響の下にネッケ Näcke が持ち出したときは、そのことは強く意識されていたはずである。これは、フロイトがナルシシズムを導入する論文を書く、つい十五年前のことでしかない。かなり近い過去であるといってよい。フロイトが使用した時点には、この言葉はまだまだ新造語という感じを帯びていたはずである。それはおそらくナルキッサス症とでもいうような語感だったはずで、新造語の感触を持つ鍵括弧つきの言葉、固有名詞のニュアンスが強い言葉だったことだろう。フロイト著作の日本語訳において、人文書院版でも日本教文社版でもちくま学芸文庫版でも、そして現在刊行されつつある岩波書店版においても、この論文の訳ではナルシシズムという訳語が採用されているのはそれなりに意味があることだと思う。ただ、日本の臨床家が一番読んでいるだろうと思われる人文版書院版では、他の論文、たとえば「悲哀とメランコリー」（これは「喪とメランコリー」と訳すほうがよかっただろうと個人的には思うが）などではなんの注釈もなく自己愛という訳語が出てきて、それがナルシシズムの訳語であるということを意識して読む必要が生まれてしまう。

日本の精神分析サークルにおいて、しだいに「自己愛」という訳語が定着した経緯について、私はあまり知らない。一九六〇年代においてはナルシシズム、もしくはナルチシズムはしばしば用いられている。その時代の土居健郎の代表的な理論的論文のタイトルは「ナルチシズムの理論と自己の表象」（一九六〇）であったし、精神分析理論の総説的入門書である土居の『精神分析と精神病理』（一九六五）においては「ナルチスムス」という言葉が使用され、自己を愛するという意味の「自己愛」という用語とは区別されていた。しかし、それから十五年たって一九八〇年に小此木啓吾が『精神医学体系』に執筆した「精神分析理論」という長大な総説（その後『精神分析の基礎理論』（小此木 二〇〇一）として出版され、いまでは講談社学術文庫に収められている）においては、自己愛という、ある意味で中和された無味乾燥な言葉がとくに何の前置きもなく使用されている。このあいだにおそらく自己愛という訳語は市民権を得たのだろう。その後彼が編集代表を務めた二〇〇二年の岩崎学術出版社の『精神分析事典』（小此木ら

受けている。

私がここで重要だと考えることは、「ナルシシズムの導入」論文においてフロイトが「自己 Selbst」という言葉をナルシシズムの向けどころとしては使用せず、das Ich という言葉を使用していることである。この das Ich は英語標準版において the ego と訳されていることは周知の事実である（この時点における the ego がけっして一九二三年の「自我とエス」以後の第二局所論における自我 the ego と同じ意味で使用されているのではないということには注意が必要である）。いずれにせよ、「自己 selbst」というこの論文の時点ではフロイトの用語法のなかに明瞭に登場していない言葉を、日本語の訳語のなかに登場させることには慎重さが必要だと私は考えている。

とにかく、フロイトがナルキッサスという人物を連想させる用語をずっと維持したことは事実である。留意しておかねばならないのはナルキッサスが、自惚れがつよく、自分のことを過剰に愛していた人物なのではないということである。彼は実際に類稀に美しい青年だった。したがって彼が自分を美しいと考えるのは自惚れではない。彼はけっして誇大的ではなく、自己についての現実吟味は正常である。彼は自分の姿を知らないあいだは生きていられたのに、それを知ってしまったとたん、自分の映像に見ほれ、痩せ衰え、ついに死んでしまった人物である。つまりここには、単なる勘違いではすまない、より本来的な悲劇的運命が暗示されている。本来的な死の陰翳が投げかけられているように感じられる。

さて再びフロイトの一九一四年の論文に戻ると、その第二段落においてフロイトは、ナルシシズムが神経症の患者に対する精神分析の影響の限界をかたちづくるものであることに言及する。そのことは精神分析というひとつの交わりが何かを生み出すことについて、ナルシシズムが基本的障害になることをフロイトが直観的に見て取っていたことを表しているといえるだろう。彼は引き続いて、「ナルシシズムはこの意味では倒錯ではないのかもしれない。それは自己保存の本能のもつエゴイズムのリビドー的な相補物であり、ある程度のナルシシズムはすべての生命体に帰属させることが妥当なものなのである（七三～七四頁、同上）」と述べる。つまり、彼はこうした死の陰翳をまとった心的なありかたが生きていることに基本的に内在しているものであるという逆説を語っているように思えるのである。

この考えを明確に輪郭づけようとして、その次の段落の冒頭で、フロイトは「正常で一次的なナルシシズム」という言葉を導入する。人間が本来的にもつナルシシズムというこの概念は、「自我とエス」以後の一次的ナルシシズムの概念によって描かれた、対象のない世界、自他別のない世界に人間が最初住んでいる、ということ以上のニュアンスを帯びているように感じられる。私の考えでは、人間が業病のように、「生きること」のなかにある特殊な形の「死」を潜ませていることをフロイトは語っている。

フロイトは、「正常なナルシシズム」という表現、「本来的、一次的なナルシシズム」という表現は使用している。しかし、「健康なナルシシズム」とは言っていない。定かではないが、その後も使用していないだろうと私は思う。死の陰翳をまとったナルシシズムというものが健康である、ということは形容矛盾であると感じられる。ナルシシズムはあくまでも心的な死や不毛と関連しているものと考えられるべきものなのではないだろうか。倒錯が永久に生殖につながることがなく、安息をもたらさない不毛の興奮であるように、ナルシシズム概念には不毛と非生産性、そして心的な死が明瞭に刻印されているように感じられる。フロイトは、神経症は倒錯の陰画だといった。だがおそらく、倒錯はナルシシズムの陰画であろう。

ナルシシズムは心的な死の一形態である。そしてそれにもかかわらず、あるいはそれゆえにこそ、生きることとナルシシズムは正常に共存している、ということこそ、フロイトが語っていることなのではないだろうか。

一次ナルシシズム、ウィニコットの乳児、クラインの乳児

このように、フロイトの主張する一次ナルシシズム、つまり人が本来的にナルシシズムという状態にあるというアイデアは、人が出発点において、少なくとも部分的には、他者というもの、現実的外界というものと交わったり、その交わりから何かを生産したりすることのない不毛の状態にあるのだ、ということであると私は理解している。ある意味でそれは生理的な心的な死の状態である。フロイト以後の分析家でこうした隔離、世界からの一次的隔離に明確に言及したのはウィニコットである（Winnicott 1958, 1965）。

彼にとって、乳児は、環境からの供給によってニーズが主体的欲望として体験されるより先にかなえられることにより、自分が欲望の主体であることに気づく必要がない。同時に乳児にとって、環境としての母親があまりにも頼りになるがゆえに、つまりニーズがまさに即時的に満たされるために、環境としての母親自体も不可視である。したがって、欲望の対象もまた存在しない。自分にも他者にも気づくことなく存在する乳児のこのありかたを、ウィニコットは going on being と呼んだ。そして彼はそのあり方こそ乳児が「生きている」ことであると考えた。ある意味、乳児は世界と交わりを持たず、閉じ込められている。しかしそれゆえにこそ彼は「生きて」いる。こうした事態を表現するとき、ウィニコットはしばしば万能感という言葉を使うが、おそらく乳児は主体的に事態を「万能的に」統御しているという感覚を体験しているというより、単に何も知らないといったほうが適切であろう。彼は何も考えず、何も感じず、何も知らない。

そうした心的な空虚もしくは不毛もしくは死にもかかわらず、あるいはそれゆえにこそ乳児は「生きて」いる。こうした捉えかたには大きな逆説がある。そしてウィニコットがさらに語ったのは、そうした生の中核を、他者の側からも永久に知られることがないのだ、という理解である。乳児は誰から見てもほんとうにはそこにいないのである。ウィニコットは一次ナルシシズムという概念を否定はしていないが、その言葉自体はそれほど使用していない。出発点での発達論を語るには、その言葉だけでは不十分だと彼は考えたのだろう。ウィニコットの考えは、フロイトの一次ナルシシズムのアイデアの延長線上に、心的な生と死の弁証法、主体的実在と不在の弁証法をさらに徹底して描き出したものだといえる。

こうした考えに対して、クライン派のアイデアは、最初から対象関係を備えた世界を生きている乳児を描き出していると考えられている。本能に由来する、対象関係性を帯びた無意識的空想は最初から乳児に作動しており、乳児はその関係のなかで生きているのである。したがって、クラインは一次ナルシシズムという概念を一九三〇年代に放棄した、と考えられている。しかし、ここで重要なことは、そのように描かれた事態が、乳児が外的な現実と交わりをもっているということではない、ということである。「子どもの最早期の現実はまるごと幻想的である」とクラインは述べた（Klein 1930）。乳児はやはりこの世の現実、実在の他者とは隔てられている。ウィニコットの乳児のように母親的環境によって隔てられているのではなく、本能に由来する無意識的空想の世界に閉じ込められ、それによって世界と隔てられているのである。たしかにクライン派の乳児は対象と関係をもちながら、ある意味では激しかったり、暴力的だったり、性愛的だったりする世界を活発に、あるときは壮絶に生きている。その対象もまた、彼自身が作り出したものだとは体験されておらず、彼自身の内側の幻想によって生み出されたものなのである。そしてそうした心的体験のほとんどは主体的には体験されておらず、投影同一化によって外在化されてひとつのできごとになっていく。

古典落語に「二階ぞめき」というシュールな噺がある。やたらに吉原に通いつめる若旦那は実は遊ぶことよりひやかすことが好きで（つまり交わらないわけであるが）、それに病みつきになって毎日出かけては店に寄り付かない。父親である大旦那は、若旦那が好色であり、放蕩息子であることに怒る。この局面で父親と息子では「吉原」に向ける空想の質がまったく違うことが面白い。つまり、父親は「吉原」に性愛的対象愛的な空想を向けているが、息子はナルシシズム的な空想を向けているのである。この状況をみかねた番頭が棟梁に頼んで、店の二階に、なんと吉原の仲見世の通りを完璧に模してつくってやる。すると、若旦那は毎日二階に上がってはバーチャルな吉原をひやかし歩き、女にちょっかいを出したり、街行く男とけんかしたり、なにやら毎日ひとり芝居を延々やっている、という噺である。

クライン派の乳児の世界はある意味、こういう感じだといってよいだろう。本人は誰かと関係を持っているつもりかもしれないが、その実、第三者から見るとひとり芝居をしているだけ、というあり方はその第三者から見るとやはりナルシシスティックなものといわざるをえない。まさにひとりよがりである。若旦那は誰とも交わらず、お金をやりとりするわけでもない。そのありかたは本質的に不毛であり、私たちがこの噺を聴いて笑えるのは、そうした不毛なありかたを理想化している若旦那への微妙な蔑みと関係があるだろう。

さて、ここで浮かび上がってくるものは、一見対極的にみえるクラインとウィニコットの乳児についての見解が、ある意味で共通しているということである。その両者にとって、乳児は現実そのもの、外的な他者から隔てられているる。ウィニコットの乳児は母親的環境によって、クラインの乳児は本能に由来する無意識的空想によって隔離されている。乳児は外的な対象と一次的にかかわっているのではなく、最初はそれらから隔離され、ある意味で保護されることが必要なのである。その意味で、クラインの乳児もウィニコットの乳児も出発点ではある意味ナルシシスティックな世界に閉じ込められている、といえるかもしれない。他者とのあいだに交わりをつくり、そこから何かを得ることが人間的な生産性の本質にあるとすれば、その生産性にまつわる大きな危険から出発点の乳児は保護される必要があるのである。それは乳児が生物学的に無力でよるべない存在として生まれる、というフロイトの後期理論を通底する基本的想定である。自己心理学が描き出すアサーティブな乳児はこの基本的想定とは完全に食い違っている。ウィニコットとコフートはしばしばその類似性が指摘されるが、こうした基礎的な想定において、大きな相違があることを無視してはならないだろう。乳児はいずれにせよ、保護される代償として心的に生きることをある程度制限される。ある種の不毛、ある種の正常な心的な死が乳児を浸すことが、その後にその乳児が生きた人間となることに本質的に寄与するのである。

臨床のなかでのナルシズム

私はいわゆる「ナルシシスティックな患者」たち、自己評価や自分が自身や外界を統御している感覚の傷つきにたいして脆い患者たちを治療することがよくある。そういう患者の多くがエディプス的な父親との関係という文脈で理解できるように私には思える。私の感覚では、アセスメントの初期からナルシシスティックなパーソナリティという言葉が頭に浮かんでくる患者は、えてしてそういう理解の範疇で取り扱うことができる気がする。それゆえ私は、逆説的ではあるが、そういういわゆる「ナルシシスティックな患者」においては、あまり転移のなかで上述のナルシシズムの問題を思い浮かべることがない。そのようなとき、私は去勢する父親という転移を引き受け、そこを焦点にして仕事をすればいいいと感じる。

すでに気づかれたように、私はナルシシズムやナルシシスティックという言葉を自己評価との関連で使用することにあまり積極的ではない。ナルシシズムに含まれる傲慢の様相は、あくまで心的な死、非生産性、他者と交われないことから防衛的に派生するものとして考えられるのではないか、というのが私の見解である。

私が分析的実践のなかでナルシシズムという言葉を強く思い浮かべるのは、必ずしもそうした症状を帯びた患者ではない。そうした症状を帯びた患者のなかにもナルシシズムという言葉を思い浮かばせる患者が少なからずいることはたしかではあるが。

私はかつて、精神分析的実践においてナルシシスティックな病理というものは記述的な症状学とは独立に、患者と私たちのあいだのできごとのなかに形を得るものだと論じた。私たちセラピストの側から見ると、患者のナルシシスティックな病理は、いわゆる逆転移、私たちが患者に対してもつ意識的無意識的な体験のなかにこそ、形をとるだろうと私は考えている。とりわけ、そうした鏡像的な世界に巻き込まれている彼らの外側から、他者として私たちが彼らをみるとき、私たちは冷めた視線のなかで憤りや軽蔑といった情緒を体験することになる。私たちは、それにしてもなんてわがままに他人を（あるいは自分を）あてにしていることだろう、とか、それにしても単なるひとり芝居をしている馬鹿者ではないか、といった気持ちになる。この「それにしても」という意識にまつわる他者性こそが、こうした情緒を生み出すもとにあるものである。私たちが「それにしても」という意識をもったとき、私たちはすでに彼らとのナルシシスティックな軌道の外に位置しているのである。

ここで感じられる情緒について考えてみよう。「なんてわがままなやつだ」という憤りは、先ほど記述した二種類の乳児という視点から言えば、「ウィニコットの乳児」的なナルシシズム、つまり患者がすべての心的事態を他人にゆだねていることに直面したときの他者の情緒であるといえるだろう。そして「馬鹿じゃないか」という軽蔑の感情は、「クラインの乳児」的なナルシシズム、すなわちひとりよがりな内的世界を投影して生きるあり方に直面したときの情緒であるといえるのかもしれない。

いずれにせよ、ナルシスティックな患者との臨床的な実践においては、どのような立場に立つにせよ、彼らに対してこうしたいくぶん攻撃的な生きた情緒をひとりの他者として体験する局面が必ず起きることは間違いない。起きないとしたら、そこには何かまずいことがおきている、と私は思う。そのようなことをまったく臨床家が感じないとすれば、患者の巧妙なコントロールに巻き込まれているか、患者と無意識に結託しているかのいずれかであろう。いずれにせよ、そうした生きた情緒を治療者が体験しないことは、臨床家が心的に死んでいることを意味する。臨床家は患者のナルシシズムが持ち込む心的な死を死んでいるのである。そしてふたりの臨床的な営みもそのとき死んでいるのである。

ただもちろん、そうした憤りや軽蔑を治療者が直接口にすることは、単にサド‐マゾキスティックな不毛なやりとりを生み出すだけであろう。それは形を変えた心的な死であり、生産性に結びつかない。もちろん、このような情緒に動かされて、セラピストが何らかの形で行動化することも事態を破壊的にするだろう。

私は、本質的な変化が起きるためには、まずそのような情緒を持ちこたえることが大切だと感じる。それを自分のこころのなかで暖めておくことが何より重要である。すると、そうした尖った情緒は角を失い、丸みを帯び、何か強い無力感、麻痺感、不毛感のようなものとなってこころを浸してくる。そのとき、それを私たち自身が感じているというより、そうした感覚のなかに私たちのこころが沈み込み、溺れ込み、侵食されるような感覚をともなう。私たちは心的な死に浸されるのである。

私は、何よりもまず患者のナルシシズムそのもの、心的な死そのものに私たちが浸される長い時間が必要だ、と経験から考えている。そこで体験されることのうちでもっとも本質的なことは、心的な死の感覚であることに私たちは開かれる必要があるだろう。私たちは、何も生まれないし、何も変化しない、という、如何ともしがたい感覚をもちこたえる必要がある。私たちはそうした逆転移を気づいて、利用する能力すら剝奪され、セラピストとしてほぼ死んでしまいそうになる。こうして私たちは、逆転移を利用するのではなく、むしろ知らないあいだに逆転移に「利用される」（藤山 二〇〇三）ことになる。このことは、私たちが自分自身の生の形をある程度維持しながらも、私たちのこころが逆転移という形でもちこまれた患者の彼の心的な「死」を、もう一度「生きる」ことを許すことだといえるだろう。私たちは患者の心的な死を身をもって生きるという逆説的な体験を通して、治療者としての役割を果たすのだろうと思われるのである。言い換えれば、私たちは「それにしても」と意図的に他者になって考えることを控える必要があることになる。

しばしば勘違いされることだが、こうしてこの状況をもちこたえることは、患者のナルシシスティックなニーズに合わせることではない。患者のそうしたニーズに合わせて、ある種の幸福の錯覚を持ち込むことは、本質的にはまた違う形の死に過ぎない。患者をなだめ、あやし、かりそめに満たすことは、何かがうまくいっているというごまかしの感覚をもたらすだろうが、それは生きていることとは根本的に異なっている。私が自己心理学的な技法に違和感を感じるのは、こうした点からである。

また、こうした「死」を十分に生きる前に、そこでの強い不毛感や絶望感といった情緒に基づいて、それを患者からもたらされたもの、患者の側の心的な何かである、という解釈を伝えることは、ある意味事態に風穴をあける瞬間をもたらすかもしれない。それは逆転移の利用と通常言われていることである。しかし、私の経験は、そのこと自体が本質的な変化を生むとは語っていない気がする。おそらく、そうしたタイミングでの解釈投与は、たんなる治療者のナルシシスティックな振る舞いに過ぎないとも思える。それは、自分が治療者として機能していることを自己確認するためのアクションである。ともすれば、それは患者から持ち込まれる心的な死を治療者が払いのけようとするアクションだと感じられ、患者の心的な死が治療者には受け取れない、扱い難いものだ、と患者に伝えることになる。患者は深く絶望するだけである。

私たちは死に十分に浸される必要がある。とはいえ、私たちは死に絶えてはならない。このような逆説を私たちがもちこたえることは、ほとんど不可能に感じられる。私たちの進む道は切り立った断崖の上の、見通しのきかない隘路である。だが私が経験から感じることは、その隘路はなぜかそれほど長くは続かないということである。その隘路をさまざまな思いを味わいながら踏みしめていくうちに、なぜか眺望が開けてくる。そして気づけば道はもうすこし広くなっている。そうした自生的な展開についていくこと、すなわち、自分が患者を変化させるというナルシシスティックな思いから自由になることを通じて、患者がナルシシズムから解き放たれることを援助することが可能になるのだろう。

おわりに

勢い込んで何かを述べようと考えたが、三つの断片的な覚書をしたためるしか私にはできなかった。いずれにせよ、ナルシシズムは心的な不毛、心的な死とつながっている。そしてそれゆえにこそ、人間的な生や生産性にとって本質的で必須の構築要素となっている。私が基礎としているのはそのような理解である。

第三章　「超自我」再考

この文章も日本精神分析学会のシンポジウムでの発表を元にしている。私はフロイトが超自我をどう考えていたのかを追っている。

もうこの頃、私は神宮前に開業して六年目に達していた。若いときよりもフロイトがたいへん身近な存在になって迫ってくる感覚があった。大学に禄を食んでいるとはいえ、私はフロイトと同じようにひとりで開業して精神分析をやっている。月曜から土曜まで毎日、オフィスに行きカウチの上の患者たちと時を過ごす。私にとってフロイトはひとりの同業者だとはっきり感じられてきたのだろう。

フロイトに近づくと、精神分析のすべての論点はフロイトによって提出されていることが見えてきた。俳句の創作上の問題を芭蕉がほぼすべて提起したようなものだ。

まだまだちゃんと読めていないフロイトの書き物が多い。そうした書き物に、私は死ぬまで取り組み続けるだろうと思う。

ある女性患者の週二回のカウチを使ったセラピーのなかで、私はきわめて強い無力感を体験していた。知的専門職につく彼女の主要な問題のひとつは、男性とのあいだで安定した関係が維持できないことであった。治療が開始して一年半のあいだに、彼女は男性とはじめて結婚を現実的に考えるところまで進展していた。この局面で私は意識的には、自分がまったく遠いところでしか介入できないような、そのような気持ちを抱いていた。ひとことでいえば転移解釈が不可能なのであった。カレントな愛情対象としての婚約者と内的な父親と彼女とのあいだでことは進んでおり、私は遠いところで傍観者として存在しているように感じられた。治療時間は婚約者とのあいだのできごとについての連想で埋め尽くされた。婚約者への強いアンビバレントな情緒は自覚されていたが、それを解決することはできない、という絶望に支配されて、彼女はその情緒をやりすごしていた。そのようななかでどんどん結婚へと現実状況は動いていた。私は焦っていた。

私は自分の焦りを吟味しようとしていた。この焦りは、私が精神分析的なセラピストとして転移解釈によってこの事態を何とかしなければ、と考え、それができないことに不安を抱いている、つまり、あるべき精神分析的実践というものから離れていることで、まずいことをしているような感覚と関連しているように思えた。つまり、私は事態を規範ないしは超自我の文脈でとらえようとしていた。だが、それが誤りであったことがその後の治療過程のなかで明らかになってきた。

私は自分の無力感と焦りに微妙に動かされて不適切な介入をし、そのある種の失敗をふたりが包み込む過程を通して、私は彼女をもう一度分析的に抱えることが可能になっていった。それにつれて、彼女はアンビバレントな情緒をやりすごさなくなり、治療的仕事はふたたび進展しはじめた。そのとき私は、私の気持ちを突き動かしていたのは、より性愛的なものだったことを悟った。私は強い嫉妬を無意識的に体験していたのであった。

はじめに

私は精神分析実践を営む私にとって超自我という概念がどのような意義をもつのか、臨床素材を提示することなく考えたいと思う。もちろん、素材は用いなくても、臨床経験が私の論考の背後にあることが前提にある。またこの論考は個人的には、二〇〇二年に出版された『精神分析事典』（小此木ら編　二〇〇二）のなかの超自我の項目を執筆したことの延長としての思索でもある。

いまの私、というこの「いま」というのは、フロイトがこの概念を提出して八〇年以上が経過し、さまざまな概念や理論を参照可能であるいま、ということでもある。そして「私」には、というのには日本で精神分析的訓練を受けて精神分析家として生きようとしながら、精神分析の特定の学派に属す意識を明瞭にもっていない、もしくはもちえない私ということが含まれている。

シンポジウムに参加することが決まったとき、私は自分が分析的な実践をしているときに、超自我についてあまり意識していないことにあらためて気づいた。どうも私の実践では、患者の超自我を変化させることをもくろむことがこころを占めることはないようだった。もちろん、それにはより一般的な理由もあり、そもそも私は精神分析実践が人を変化させるという事実が、逆説的だが、分析家が患者を変化させようと考えずに営むことによってこそ生じる、と考えているからでもある。ともあれ、私にはひとつのセラピーが終わったとき、事後的にそのセラピーの結果を総括するときにも、その患者の超自我が修正された、というような言葉が浮かんでくることもほとんどないのである。

このことは、私が臨床体験に関連して超自我という概念を思い浮かべない、ということではない。患者を前にして、超自我という言葉を思いつくこともある。またセッションの時間を記録にまとめるとき、ときに超自我という言葉を思い浮かべる。患者の職業的な喜びや異性との生産的な活動を邪魔し、そのような活動から生き生きとしたものを奪い、自由に思考して自分のありかたに疑問をもつことを制止し、そうしたよい体験を「いけない」という感覚でおしとどめようとする何ものかを名づけたくなったとき、私はそれに超自我という言葉を充てることが多いように思う。それが意味するのは、患者の自我の活動を支配し、制止するような患者の内部の活動機関である。しかし、これは多くの場合、内的対象という言葉に置き換えることが十分可能である。また、たとえばウィニコット（一九六〇）の業績を援用して、「偽りの自己」という概念で病理を理解する道もありえる。

とすれば、いま私が超自我という言葉を使う必然性はあるのか、という疑問が当然湧いてくる。前提としておさえておきたいのは、こころのなかに複数の内的対象や人格組織があり、それらが固有の構造と力をもって人格の他の部分と対話したり、影響を及ぼしあったりしているということ、そして人間主体はそれらの人格組織のうちのひとつ自体が担うものでなく、それらの語らいのなかに、あるいは語らいとして生成される、と考えることこそ、精神分析が人間主体について考えるときの基本的視点だ、ということである。意識に主体があるわけでもなく、無意識に主体があるわけでもない。自我に主体があるわけでもなく、超自我に主体があるわけでもない。フロイトの局所論とはそうしたものであり、第二局所論、すなわち、自我‐超自我‐エスというモデルもその一例である。そうした局所論的な視点というのは、精神分析が精神分析たる上での必須の論点である。

ここでの疑問は、精神分析の歴史のなかで生み出されたさまざまのそうしたモデルのなかで、自我‐超自我‐エスというモデルが、そしてそのなかの超自我という実体が、フロイトが提出したときのような、ある種のプライオリティをいまだに保持しうるのか、ということである。精神分析はその後の歴史のなかで、そのような人格組織や人格部分についての概念化、すなわち局所論をいくつも生み出してきたからである。もちろん、フロイトはそれ以前に最初の局所論モデルである意識‐前意識‐無意識を生み出したが、その後の精神分析の動向のなかにはビオン（Bion 1957）の精神病部分と非精神病部分、ウィニコット（Winnicott 1960）のほんとうの自己と偽りの自己、フェアバーン（Fairbairn 1952）の基底的精神内界状況などの局所論的概念化が作り出されてきたのである。

超自我概念の複雑さ

超自我概念の現代における意義を考えようとして、まず出発点であるフロイトの超自我概念を検討すると、実のところ、その概念がそれほどクリアカットなものでない、一筋縄ではいかないものであることが明瞭になってくる。精神分析がひとつの実践として現れてからしばらくたって、この概念は導入された。無意識と意識、一次過程と二次過程、エディプス・コンプレックスといった重要な概念がすでにそこにあり、超自我はその後からやってきた。このことはあたりまえのことであるが、強調する必要があることのように思う。というのは、しばしば精神分析を自我‐エス‐超自我の三部構造から語り始め、しかもきわめて機械論的な明快さでそれを説明するような風潮があるからである。それは第二次大戦後に日本に精神分析が入ってきたとき、ハルトマン流の自我心理学が中心に置かれていたこととつながりがあるだろう。しかし、それでは順番が逆なのである。超自我は後からやってきた。しかもそれは、フロイトの思索の歴史を反映して曖昧で複雑である。超自我はフロイトの思索の矛盾や独創性をそのまま体現しているようなユニークな概念なのである。

超自我概念の複雑さ、多種性を、構造の側面、起源の側面、機能の側面から検討してみよう。

1　構　造

フロイトの構造論モデルにおける三部構造は、しばしば誤解されるような明快なものではない。フロイトは超自我概念を導入した一九二三年の「自我とエス」(Freud, S. 1923) で、自我が現実の代表であり、エスと超自我が心的な、すなわち内的なものの代表だと述べている。超自我とエスとのあいだに深い関係があることが示唆された。フロイトは「超自我がエスを代表して自我と対抗している」と言う。このことが示しているのは、三つ組みの構造がそれほど分化した独立なものではないということである。たとえば、自我の機能がどれほど他のふたつと本来的に自律的でありうるのかは、一次的自律自我の存在を主張するハルトマン流の自我心理学とクライン派、ラカン派が鋭く対立した論点であり続けた。たとえば、クラインは子どもの知る力、考える力が本能的なものに由来する不安によって制止される様を一貫して描き出し続けたのである。

2 起　源

周知のように、フロイトが一九二三年の「自我とエス」で超自我概念を導入したとき、それを「エディプス・コンプレックスの後継者」であると明言した。それは端的に言えば、母親への楽園的な愛着を喪失した子どもが最終的に父親に同一化することによって、すなわちこころのなかに両親の表象だけでなくその機能を担う構造を取り入れることによって、乗り越えるという過程である。「喪とメランコリー」（Freud, S. 1917）で最初にそのアイデアが形になったこの過程についての概念化は、最晩年になるまで維持された。

しかし、フロイトが同じ論文で、超自我の起源についてまったく別の視点も提出していることにも注目する必要がある。フロイトはこう書いている。「すでに述べてきた超自我の起源をいま一度考えるならば、それはきわめて重要なふたつの要因の帰結であることが認識されよう。ひとつは生物学的なもので、もうひとつは歴史的本質をもっている。つまり、人間における子ども時代の寄る辺なさと依存の長期にわたる持続と、エディプス・コンプレックスという事実である」（筆者訳）。ここでフロイトがエディプス・コンプレックスを生物学的なものからはずした（これは一九二七年の英訳のときにフロイト自身が命じた修正によってそうなったのであるが）ことはとても興味深い。しかし、それにも増して注目されるのは、彼がエディプス・コンプレックス以外の視点、すなわち寄る辺なさhelplessness／依存dependenceという論点をも導入していることである。このような視点は対象関係論、とりわけ独立学派的なアイデアの出発点とみなせるだろう。この寄る辺なさ／依存は一次同一化とフロイトが呼んだものに結実する。それをフロイトは性別が区別されない両親との同一化であると考えた。その概念はすでに一九一四年のナルシシズムについての論文（Freud, S. 1914）において導入されていた自我理想概念と深い関連をもっている。こうして部分的には、乳児の絶対的寄る辺なさという生物学的に規定された要因が生み出す、依存という二者的相互作用のなかから、超自我は生まれるのである。

しかし彼は数年後、エディプス・コンプレックスと寄る辺なさ／依存性に加えて、第三の起源について語り始めた。一九三〇年の「文化とその不満」（Freud, S. 1930）において、死の本能、生得的攻撃性の文脈で無意識的罪悪感を考えるべきだ、と主張したのである。彼はこう書く。「結局、抑え込まれて超自我に作り変えられることによって、罪悪感に変容させられるのは攻撃性である。罪悪感の由来についての精神分析的知見が攻撃衝動へとしぼられるなら、多くの過程がより単純で明快な説明を許されることになるだろう、と私は確信する」（筆者訳）。これは、エディプスの三角形とは独立に、あるいは母子の現実の相互作用とも独立に、子どもにもともと装備された生物学的実体としての生得的攻撃性に起源をもつものとして超自我の生成を考える視点だといえるだろう。このような議論からクライン派の超自我概念、すなわち、死の本能の生み出す不安の投影によって生まれる迫害的対象の取り入れとしての原始的超自我という概念が生まれるには、あとほんの数歩歩みを進めればよい。クライン理論の出現は、ごくごく自然ななりゆきというしかない。

フロイトの超自我の起源についてのアイデアはこのように、エディプス・コンプレックスの放棄、寄る辺なさと依存、破壊的本能の投影と取り入れ、といった、精神分析が現在までに考えてきた主要な動機づけの諸概念を網羅しているとさえ思える。その後の精神分析のさまざまな学派は、そうした動機づけのシステムのどれかをより重視してそれぞれの理論構築に向かった。フロイトはそうした諸学派の視点を先取りして、超自我が人間のこころにはたらく諸力、諸作用の結晶として生成されることを描き出しているともいえるだろう。このことは、フロイトが内的対象、こころのなかの何者かが生成される起源における要因を、ほぼ完全に把握していたことを意味していると考えることができる。超自我を構想したときから、彼は、性器期的なものから前性器期的なものまで、内因的なものから相互作用的なものまで、生物学的なものからパーソナルなものまで、欲望の領域から存在の安全感の領域まで、といった広い範囲の動因を考えていたのである。言い換えれば　彼はここで、ひとつの対象、あるいは心的組織がこころのなかにかたちづくられることの雛型を提出したともいえる。このような意味でやはり、フロイトは最初の対象関係論者である、と私は思う。このことが、おそらく超自我概念が精神分析理論の発展にとってもつ主要な意義であるといえるのであろう。

3　機　能

次に超自我概念の多様性、暖昧さが、構造と起源だけでなく、その機能にも及んでいることを述べよう。フロイトは超自我の機能を晩年の『続精神分析入門』(Freud, S. 1933) で、良心、理想、自己観察の三つである、と述べている。

フロイトが超自我の良心の機能の側面を語るとき、そこにはある種の脅威のニュアンスが存在する。たとえば最晩年の「精神分析概説」(Freud, S. 1940) における「超自我は自我を観察し、自我に命令を与え、自我を裁き、自我を処罰によって脅かす」(筆者訳) という表現にそれはよく表現されている。ここには迫害的恐怖を自我に与えることによって自我をコントロールする超自我が描写されている。このような自我を脅かす超自我の側面はある種迫害的蒼古的な良心の側面であるといえる。私の感覚からすると、これはやはり、私たちが日々の生活を送るときに尊重している倫理道徳感情とは水準が異なっている情緒であるようにどうしても感じられてしまう。私たちが他者に思いやりをもち、倫理的に生きていることが、このような迫害し脅かす超自我に促されている、と私は考えない。ここで超自我という言葉で表現されている良心は、健康なものというよりもより病理的で迫害的なものだと考えられる。

また、超自我の理想としての機能の側面については、すでにフロイト存命中からそれを超自我に含みこむことに異議が唱えられていた。そもそも、ナルシシズムについての最初の論文のなかで一次同一化に由来するものとして着想された自我理想という概念と、エディプス・コンプレックスに起源をもつものとして構想された超自我概念とがどのようにひとつの実体を構成しうるのか、という問題は、きわめて原理的なものであるといっていいだろう。

そしてさらに、自己観察が超自我の機能であるのか、という問題は精神分析実践にとって大きな問題である。なぜなら精神分析という営みがめざすことの一部は、自分を知ることであり、自己を観察することと直接的な関連をもっているからである。それは洞察 insight をめぐる議論や、精神分析的関係を K-link であると考えるビオンのアイデアと関連をもっている。自我を具体的に射抜くような視線で批判的に見つめる類の「観察すること」も、たしかに観察することの一部ではあろう。しかし自己を観察するということにはもっと幅がある。おそらく超自我の営む自己観察は、自我を観察すること自体がある具体的な力を自我に及ぼすような、そうした水準のものに限られるほうが明快なのではないだろうか。観察したデータにもとづいて自我を批判し、非難し、裁くことと観察することそのものとは異なったものである。迫害的に自我を脅かす良心という超自我の側面と自己もしくは自我を中立的に観察する機能とを同列に並べることが妥当とはいいがたい。中立的な自己観察機能は自我の仕事であると概念化するほうが自然なのではないだろうか。

フロイトはこのように、超自我の機能に良心、理想、自己観察という相当に違ったものを含みこませ、かつ水準的にも、超自我が自我ともつ交流を、万能感を保持した原始的交流とより象徴的で媒介的な交流との両方にまたがるものとして、クライン派の用語で言えば妄想 - 分裂的様式と抑うつ的様式のふたつの関係性が混在するものとして概念化した。このような多種性は、セラピーのいまここで何がどのように起きているのか、を考えるときに超自我という概念を用いることをきわめて難しくするように思われる。つまり、臨床的事態をクリアに描き出すには超自我という概念は適していない、ということになる。クリアに描き出したければ、ひとつの暫定的な解決策は、超自我という概念を蒼古的で万能的な、妄想－分裂ポジションの様式で作動している側面に言及するものに限定することである。それはおそらく、フロイトがエスの代表であると呼んだ、もともとのニュアンスに近づくことになるだろう。だが、こうして限局するならば、超自我という言葉は不要になるかもしれない。それを、内的対象という言葉に置き換えることが可能ということになってくるはずだからである。

このように、超自我概念の必要性に疑問を呈しながらも私は、超自我という概念に曖昧さと多種性がつきまとっているにしても、精神分析がその概念を手放すことはないだろう、とも思う。たとえば、良心や倫理や理想や自己観察の万能的蒼古的迫害的でない側面、中立的で現実的な側面は自我の機能とみなしうるかもしれない。しかし、そのような側面をすら、超自我という言葉で呼ぶことによって、私たちは暗黙のうちにそうした心的性質がさまざまな水準にまたがって動いている流動性と生成論的認識とに開かれ、そのことがおそらく実践をするときにも理論的考察をするときにもある種の生産性をもたらす可能性があるからである。さらに、この三部構造のモデルにはさまざまな局所論的なモデルと本質的に違う点がある。それは、超自我がエディプス・コンプレックスという、精神分析にとってもっとも重要な意味生成のメディアの貢献のもとに生成されるものとして概念化されている、という点である。そうした意味でこの三部構造は特権的な地位を占め続けていくだろうと考えられるのである。

技法と超自我

ここまで超自我概念の多種性と曖昧さとをみてくるうちに、超自我が対象関係論の歴史の突端に内的対象の雛形として登場したことが明確になってきた。そして、技法論、治療論の領域でも超自我はフロイト以後の出発点に登場する。

フロイト以後の治療論が学派を問わず源流としてきた言説に、一九三四年のストレイチーの古典的論文「精神分析における治療作用の本質」（Strachey 1934）がある。この論文は超自我を二重の意味でキーワードにしている。

その第一の意味は、超自我の変化もしくは修正こそが治療作用の中心に位置するものである、という主張である。フロイトが超自我をエスの代表としたこと、「エスであったところに自我を」（「『それ』であったところに『私』を」）作り出すことを分析治療の目標としたことは、必然的な帰結として超自我の変化を精神分析の主要な目標とすることを促した。そもそも、エスという「構造なき力動」、エネルギー、生物学の暗闇のなかに端を発するものを、間主体的な人間的事態である分析の営みによって変容させることには原理的にみて水準の点で無理がある。エスはあまりに茫漠とした広大なものである。フロイトはその変化への仕事をオランダの干拓事業にたとえた。そうしたとらえどころない巨大なエスそのものでなく、その代表 representative としての超自我の構造と機能とを変化させ、それを自我に収納させていくことが、エスのあったところに自我をうちたてることになると考えられる。このことは精神分析の治療メカニズムの対象関係論的な読み換えであるといえる。ここで超自我概念は大きな役割を果たしている。

さて第二の意味は、ここで分析家が「補助的超自我」として機能することが語られていることである。ストレイチーは患者の蒼古的な理想化された対象の投影と取り入れによってかたちづくられた蒼古的な「よい超自我」としてではなく、「現実的な、そして現在」の考慮にもとづいている超自我としての「補助的超自我」として分析家が機能することを述べている。ここで表現されているのはおそらく、平均的な分析状況を構築し維持する分析家の機能の患者への取り入れである。ここに表現されている機能が果たして超自我的な機能なのであるかということには、大きな疑問がある。すでに米国のクライン派分析家ケイパー（Caper 1995）が指摘しているように、分析家のそうした機能は分析家の自我の機能であると考えるほうが妥当ではないだろうか。

おそらく精神分析の営みのさなかでの分析家の機能を、自我関係性の枠組みのなかの「遊ぶこと」であると考えるウィニコットのような立場（Winnicott 1971）あるいは「夢みること」と同列に並べているオグデン（Ogden 2003）のような立場からしても、補助的超自我はストレイチーが考えたように分析家の超自我の一部が取り入れられたものではなく、分析家の自我の機能の取り入れとみなせるように思われる。分析家が患者の蒼古的超自我を取り入れ、それに圧倒されてふるまうことがありうるにしても、おそらく自我の機能を回復することが可能であることが分析実践の前提であろうと考えられる。

まとめ

それではこれまでの論点をまとめてみよう。

1　超自我は想像をはるかに超えて曖昧な概念である。構造的連関、起源、機能の点でそうである。

2　フロイトが超自我概念を提出したことは精神分析の歴史のなかで、大きな認識論的前進であった。幼児期の人間のこころにはたらくとされるさまざまな力や作用の重なりあいの結晶として、人格のその他の部分のその後の生に大きな力を及ぼす構造がかたちづくられることを明らかにしたことは、内的対象という力動的構造が人のこころに姿を現すことの起源をはじめて明確にしたことであり、対象関係論の基礎的前提になった。

3　しかし現状において、超自我の概念は、私たちの心的機能や心的組織についての知識が精緻に練り上げられてくるにしたがって、しだいにその多種性と曖昧さが、とりわけ実践のなかで扱い難いものになってきていることは否めない。単に患者の病理や分析のなかで起きていることをより明確に表現することをもくろむなら、超自我の意味を限局して用いるほうが誤解を生まないかもしれない。

4　しかしそれでもなお、超自我概念を維持することにメリットがある。その曖昧さ、多義性、多種性が事態のもつ流動的で生成的な本質を絶えずあらわしてくれる可能性があるからである。さらにエディプス・コンプレックスの精神分析における中核的位置づけを維持するならば、超自我概念には精神分析の歴史のなかで生まれたさまざまの内的対象や人格組織の概念とは違った特権的位置づけがあるからでもある。

5　実践においても超自我の変化を治療の目標として考えるという発想が生まれた。それは「エスのあったところに自我をあらしめなさい」という精神分析の簡潔な目標を対象関係論的に読み換えたことであるといえる。また、私たちが患者に超自我として機能する、ということは、精神分析過程のなかで避けられないひとつの過程であると思われるが、おそらく精神分析の本質において患者が進展するときには、私たちは自我として機能していると考えられる。

第Ⅱ部　フロイトとの語らい

第四章　鼠男の治療記録——フロイトの悲劇

フロイトを追い求めることの重要性を考える、そうした論文を二本、ここに置くことにした。

この「鼠男」の治療記録に関する論文は、フロイトの治療者としての限界に触れることになった。つまり彼は、自分が考えるようには、やれていない。そのことが明確に見えてきた。

この、考えるようにはやれない、ということこそ、精神分析の、そしてすべてのアートの特質である。その特質のなかで私たちはもがくしかない。とくに初心のうちはそのもがきこそが、セラピストとして生きることなのかもしれない。

そして「考えるようにやれる」ということは永遠にないことを受け入れた後、セラピストはまた新しい段階に入るのだろう。そのときそのセラピストは、精神分析を生きることができる可能性を帯びるのである。

私は「カウチについて考える」「プロセスノートをどう書くか」「古典を読むこと」「訓練のために治療を受けること」といった、精神分析の文化をかたちづくる構成要素を具体的に検討する試みを形にするセミナーを日本精神分析学会で企画し続けてきた。精神分析にとって本質的であり、その営みに必ずつきまとってきたさまざまなことやものを、もう一度原点に立ち返って考えてみたい、という意図である。

この章ではそうした思考の延長線で、フロイトの症例に取り組んでみる。それも症例「鼠男」の論文ではなく、そのもととなった原資料としてのプロセスノートの日本語訳と向き合うという試みをしたいと思う。この原資料は北山らの長期にわたる努力によって公刊された（北山ら 二〇〇六）。

「古典を読むこと」というセミナーを企画して話したとき、私は自分がフロイトを読むのは、単にフロイトの言っていることを受け取るためではなく、フロイトに出会い、語り合うために読むのだ、いう姿勢を強調した。私たちが精神分析的セラピストになること、私たちの内部に精神分析的自己をかたちづくることは、一部分は精神分析を自分なりに創り出すことを含むだろう。自分自身の精神分析を生み出さない限り、私たちは一人前とは言えない。とすれば、私たちは部分的には創始者である。そのとき、その意味で創始者フロイトと語り合うことは他人事でない、抜き差しならない課題として私たちの前に姿を現すはずである。

フロイトの書いたものを読むなかでも、フロイトの症例を読むことはまた特別な体験である。それは分析家、セラピストとしてのフロイトが、何を考え、何を感じて、分析の場に臨んでいたのか、に直接に触れる手がかりになるからである。たとえば、ここで取り上げる鼠男の論文は「病歴の報告」と「理論的研究」の二部構成になっている。フロイトがこの論を書いた主な目標はこの「理論的研究」のほうであることは間違いない。けれど私の関心の中心は「病歴の報告」のほうにある。

強迫神経症の理論についてのフロイトの理論的観点は現在でもたしかに重要だが、精神分析一〇〇年の歴史のなかでその理論についてはその後、アブラハムを嚆矢として多くの対話が試みられ、多くの言説が蓄積されてきた。つまりいま、この「理論的研究」を読む私たちは必然的にその後の対話の文脈の枠内で読まざるを得ない。その対話と独立に単にこの論文で展開されるフロイトの言説を読むことは残念ながら不可能だし、意味がないと言えよう。

しかし、症例は違う。症例はひとつの臨床事実なので、それ自体としては古くなることはない。なまの素材としての瑞々しさを保っている。私たちはひとりひとりの患者と会っているときのような新鮮な姿勢でこの素材とまみえることができる。その瑞々しさのなかから、私たちはフロイトと鼠男がどのようにことを進めていたかに、じかに触れることができるのである。

鼠男の論文の症例報告の部分をいままでに何度か読んできた。そして読むたびに、私のこころをよぎる疑問があった。この患者は一〇カ月ほどの短期間の治療でほんとうにそんなによくなったのか。もしそうだとしたらいったいどうしてよくなったのだろうか。

この第一の疑問に対しては、おそらくある程度はよくなったのだろう、とは感じられるものの、しっくりこない感じが残る。どのように治療が終わったのかが具体的に描き出されていないのが、その一番大きな理由である。転移は解決されたのだろうか。鼠男は治療の終結にどのような態度をとったのだろうか。そういうことがわからない。ただ、彼がその後の人生でいろいろな法律事務所に落ち着きなく転職をくりかえしているさまをみると、彼がこの世にゆとりとなじみをもって生きていくことに成功しているとはとても思えない。返せない借りや懲罰の怖れはまだ彼をゆぶっていたのではないだろうか。私は、彼が正式に弁護士になったとたんに召集され、たった三カ月の従軍で戦死していることにある種の意味づけをする誘惑に駆られる。ギゼラとの結婚も、彼女が明らかに不妊の可能性のある女性であったことを考えると、ある種の不毛の方向への身投げのようなものであるようにも考えられる。もし彼がそのあと生きていたとしたら、幸福に生きていたのだろうか、と私は疑わざるをえない。その後の精神分析治療の目標の水準からすると、この治療が成功したというのは、かなりためらわれる気がするのである。

そして第二の疑問については、私はまったくわけがわからない、という感じしかもてずにきた。その思いは今でも続いている。第一の疑問の答えが no であればこの第二の疑問は成立しないわけだが、少なくとも症状は相当に取れたらしいとはいえるようである。謎は深まるばかりである。端的に言って、このケースはフロイトの優れた治療によってよくなったケースなのか、フロイトの拙い治療にもかかわらずよくなったケースなのか、そこのところがよくわからない。

そもそも私が初心者のときから私にとってこの論文は読みにくいものだった。というよりフロイトのケース論文はどれもいまでも私は読みにくさを感じる。その読みにくさが何に起因するのか、私は当初はよくつかめなかった。私が初学であることのせいにしていた。だが、いまなら少し説明できる気がする。それは患者と分析家のふたりの気持ちの交流が生き生きと伝わってこないということによるものである。私が精神分析治療の核心だと考える、治療空間での生きた情緒的できごとについて、それがおそらく存在はしているようだ、いう感じは抱かせてくれるものの、明確にフロイトが描き出そうとしているようには感じられない。ドラのケースのときほど強圧的な感じはしないが、このケースでもフロイトは患者の謎を掘り起こす考古学者のような感じである。患者と気持ちを交わらせることを重視しているとはあまり思えない。考古学は過去の遺物を掘り起こす仕事であり、遺物の遺は遺体の遺であり、生きているわけがない。私はこのプロセスノートの邦訳がそこらあたりを埋めてくれて、先ほどの疑問を解く手がかりを与えてくれないものか、楽しみにして読んでみた。

この論文の「病歴の報告」の部分を読んでいるとき、私はそれがあくまでも論文の論旨を裏付ける素材として書かれているのだ、という意識で読んでいた。おそらく実際の臨床事実を書いた治療記録、プロセスノートは相当に違うだろう、と思っていたのである。ところが実際にはさにあらずである。プロセスノートに記されていることと論文に記されている臨床素材のあいだの開きが、とても小さいことに私は驚いた。とりわけ論文で詳しく面接経過を追っている七回目まではほとんど同じだと言っていいくらいである。私はもう少し感情的交流がプロセスノートから伝わってくるのではないかと思っていた。しかしフロイトはそれに焦点をおいてプロセスノートをつけていない。患者が何を話したか、は書かれているが、そこで何が起きているのか、ということについて、フロイトが重点をおいているようにはどうも私には読み取れないのである。

このときフロイトは精神分析家なのだろうか

フロイトは患者のこころのなかを精神分析の理論を使って理解している。セッション中にも彼が精神分析理論と対話していることは、プロセスノートから読み取れる。フロイトは患者理解を精神分析的におこなっているという意味では精神分析家のようにもみえる。

しかし、彼が治療状況において何をやっているのか、ということをみていくと、彼がいま私たちが考えている意味での精神分析家、もしくは「精神分析的」セラピストとはかなり違った存在であることが感じ取られる。それは多くの点からそうである。思うにフロイトは少なくともこの時点、今私たちが言う意味で精神分析家ではなかったのかもしれない。

設定をめぐって

まず、ごく外側のことをみてみよう。フロイトの治療は、いまの私たちが考える精神分析のような規則的なセッションを前提としていない。セッションはある期間が過ぎるとかなり不規則になってくる。徐々に回数が減ってくる。フロイトがすこし症状がよくなった患者に対して、面接頻度を落としていたらしい、ということはほぼ間違いないことのようである。そのこと自体が治療的に適切であるかどうか、という議論はここでは棚上げする。おそらく適切である場合もあるだろう。しかし適切であるかないかにかかわらず、分析的なセラピストにとって本質的なことは、自らが設定を動かしたことが治療過程に及ぼすインパクトに自覚的であり、そのインパクトに解釈的に介入するということのはずである。

だが、この素材からは、そのことについてフロイトがあまり意識的ではないことが読み取れる。論文においてもそのことはほとんど触れられていない。そうした設定の変化が過程とのあいだに繰り広げる対話にフロイトはまったく鈍感であるように感じられる。ささいなスケジュールの変化が大きな治療的な衝撃を生むことを知っている私たちにとって、このことは相当に大きな驚きである。設定的供給と設定的剝奪の規則的なリズムこそが、つまり一日のうちのセッションのある時間とない時間、一週間のうちのセッションのある平日とない休日、一年のうちのセッションのあるセメスターとセッションのない休暇との生み出すリズムこそが、精神分析の営みのもっとも重要な背景をなしていると私は確信している。しかし、フロイトはそのことに意識的ではない。つまり、この時期、フロイトの設定もしくは治療構造についての感覚は、精神分析家のものではない。私たちの現在の感覚では初心者レベルの感じである。

このことは驚くにあたらないかもしれない。この時期フロイトはまだ対象喪失について十分に考えていない。この治療がおこなわれた一九〇七年には、まだ彼の喪の仕事についての論考は登場していない。分離もしくは喪失のもつ怖れとその生成的な側面は、彼の視野にまだはいっていないかもしれない。存在と不在の弁証法と主体の生成との関連についてフロイトが深く思いをめぐらせることになる、「喪とメランコリー」や「快感原則の彼岸」はまだずっと後のことなのである。（勤勉だ、といわれているフロイトが、結構プロセスノートを何日か貯めてしまって、まとめて記録していることなどはご愛嬌ともいえるが、開業臨床家の現実を彼が生きていた感じが伝わってくる記述ではある。）

さて、このような設定についての感覚の鈍感さはもっと内的な設定についてもうかがえる。論文では七回目までは、一回一回のセッションに分けてきわめて詳細に患者の語りを引用して一章をかたちづくっている。ところが七回目以降はぐっと要約的な書き方に変わる。私は今までこれを素材から論文をつくるときの論文作成上のしかけ、編集上の工夫だと思っていた。だがこの治療記録をみて驚いた。第七セッションの終わりに彼は「次のセッションからいくつかの本質的な事柄をメモするにとどめ、分析の過程をそのまま記録に再現するのはやめる」と書いているのである。つまり、著者としてのフロイトではなく、分析家としてのフロイトは、プロセスノートを記録するスタンスを不連続に動かしてしまったのである。プロセスノートを書く営みが分析状況で必然的に生じる、分析家が「自分」を失う現象から分析家を部分的にせよ回復させ、思いをめぐらせる時間をもつことであることを考えた場合、ここでそれを記録するスタンスを大幅に動かすことは大きなインパクトを生むはずである。七回までが予備的な面接であり、患者の大まかな全体像をつかむためのものであったとすれば、それ以降こそがプロセスノートしては重要な気がするが、この時点で「過程を再現しない」と言っている理由はまったく理解に苦しむ。いわゆるアセスメント面接が終わって自由連想面接の始まる最初の数回における、プロセスの重要性は言うまでもないだろう。フロイトの関心は鼠男の語りの内容にあり、そこで起きているできごと、過程にはなかったのだと考えざるをえない。

このことは、自分の過程に対する関与をマネージして、できるだけ一定に保つ、という「受身性」といわれるあり方がまったく身についていなかった可能性も示唆するかもしれない。このエリアでもフロイトは初心者レベルだったと言えるかもしれない。

治療者としての基本的態度

一九一〇年代前半のいわゆる技法論文において、とりわけ「精神分析家に与える注意」(Freud, S. 1912)において、フロイトは精神分析的な治療者がどのような内的態度を維持するべきかに一定の結論を出したように思われる。

ここには不可能性を帯びたさまざまなモデル、もしくはメタファーが提起されている。平等に注意を漂わせろ、外科医のように冷たくあれ、無意識を電話の受話器のように患者の無意識に差し向けろ、鏡のように不透明であれ。こうした文字通りに実現するのは不可能なことを、フロイトは戒めとして語る。私の言葉で言えば、このような語りは、分析中の分析家の機能がけっして自らの随意的意思のもとに統御することができないこと、分析の営みを直線的に概念化できないこと、分析家の主体性が絶えず侵食され、分析的関係もしくは状況がふたりの関与者の手の届かない自律性を帯びて自生的に進展することに、フロイトがたとえ暗黙にではあっても気づいていることをうかがわせる。

実際、フロイトはこの論文のなかで「精神分析で聞き取ったことの意味はあとになってみないとわからない」と語り、「もっともうまくいくケースは、あたかもどんな目的も視野におかずに進め、どのような新しい展開によっても驚きにとらえられることを自らに許し、先入見から自由になってつねに開かれたこころで彼らと会うような場合なのである」と書いている。つまり、分析家がすべてを予見し、見通して事態をマネージするのではなく、そこでの「できごと」、間主体的できごとに自分の主体性がどこかにもっていかれることに対して「驚きにとらえられる」ことこそ、「うまくいくこと」の条件なのだ、と語っているのである。実に透徹した見解であり、精神分析の線形でない本質を射抜いていると感じられる。何の文句もない。やはりフロイトは天才だと感じる。

だがこの鼠男のプロセスノートを読む限り、一九〇七年のこの段階で、セラピストとしてのフロイトの構えはそのような認識に基づいているとは思えない。そこに記録されていることは、ほとんど患者の語りのテクストを間接話法でとらえたものである。そしてそこには、絶えずその語りから患者を理解しようというフロイトが顔を覗かせている。そこでのできごとからではなく、彼は語りから理解しようとする。フロイトはシャーロック・ホームズのような推理でことを説明しようとしているようにみえる。平等に注意は保留されておらず、とてもリニアーな因果律のなかで知的な解明作業をしているといった印象が際立っている。事実とその解釈に記述は偏り、鼠男の情緒もフロイトの感情もそこではあまり相手にされていないように思われる。フロイトの主観的な体験としてそこに記されているのは、「まだ判然と理解していない」「彼はいまだに明かさない」といった、知的な不満に終始している。

この一九〇七年の面接記録の印象と一九一二年の記述のあいだには大きなギャップがあるように思われる。セラピストとしてのフロイトは五年間で大きな進展を遂げたのだろうか。一九一二年は狼男のケースをフロイトがやっていた時期である。狼男の論文を読む限り、私は彼の姿勢自体が変化しているとは感じられない。

このことは次のように言えるだろう。フロイトは精神分析家としての基本的な構えにとって何が重要なのかを天才的な直観でつかみとっていた。しかしどうも自分自身で見出したものを体得して、現実の分析に生かすことはできていなかったように感じられる。ひとことで言って彼は形のない体験を漂うことができず、それに概念という形を性急に与えようとしているようにみえる。

この彼の限界は、転移という本来形のないものを扱うときに際立っている。

フロイトには転移がわかっていない

「転移と抵抗を扱う限りそれは精神分析と呼ばれる権利を有する」といったのは、フロイト自身だった。一九〇一年のドラのケースで転移という現象が分析を左右しかねないものであることを彼は悟った。一九一〇年の時点で、転移というものの治療的価値と逆転移の制御という考えを形にしているし、そして一九一四年の技法論文のひとつである「思い出すこと、繰り返すこと、やりとおすこと」において、転移という「リアルで現在の何か」こそが治療の中心課題であるという考えにたどりつく。

このプロセスノート記録にも転移という言葉は頻繁に登場する。しかし彼が転移というとき、それは「転移状態にあることを彼に伝えようとしてもらちがあかない。（中略）ウェイターをしていた私の兄弟の一人がブダペストで殺人を犯して死刑になったというのだ。」「治療中の転移はかなり緩和している。私の娘にでくわすのではないかとひどく不安を感じているが」「私の家族の女性全員がいろんな種類のむかむかするほど汚い分泌物の海のなかで窒息しているという内容の転移が生じているのだ」というような形で現われている。

このようにきわめてグロテスクだったり、極度に性愛化されたりした、フロイトやフロイトの娘アンナなどを内容にした空想を鼠男が語ると、彼はそれを転移だと指摘している。しかし、私たちの常識ではこのように輪郭が明瞭な転移的素材がグロテスクに出現するのは、もっと無意識的に表出されていたsubtleな転移、意識的な考えとしてでなく情緒や雰囲気や治療者側の感覚や空想として感知されるような転移が適切に扱われなかったときである。

フロイトは無意識の転移をまったく扱おうとしていない。たとえば、患者は一回目から「唐突にこう切り出す」。彼は四歳からの性生活について語り、四歳のときに家庭教師の女性器をさわったこと、六歳の覗き見、七歳くらいでの二三歳の女性との性的接触などについて語っている。ここでのいちばん大きな臨床事実にフロイトは一応気づいている。つまり、「唐突」だということであり、違和感を感じさせるものだということである。いきなり一回目からそんなことを「唐突に」語っていることにフロイトは驚きを感じながらも、その驚きという事実を介して背後の患者の情緒や空想に触れていない。ここには性理論の開拓者フロイトという父親の知的なペニスに自分をささげる同性愛的な転移があらわれていることは確実だと思われる。そして、女性になって父親のペニスを受け入れるというこの屈辱は反転して、治療が進むにつれて鼠男が妙に性的に亢進して、「お針子」とどんどん性的行動へと進んでいくという流れを生んでいる。「お針子」の出現は完全に転移性行動化なのだが、フロイトは一切そこを解釈できていない。

初期の経過をざっとみるだけでも、こうした明らかな転移のあらわれが描かれているにもかかわらず扱われていないシークエンスに満ちている。たとえば第四セッションにものすごく長い解釈（というか講義）が最後に与えられる。週末をはさんだ第五セッション冒頭で患者はその説明に疑問を呈する。週末の解釈によって患者は相当に不安になっていたのだろうが、フロイトはそうした設定の生み出す状況にはまったく無頓着に、患者の質問に答え続け、議論し続ける。まるで大学のゼミの記録のようなトーンである。このセッションの最後のところで患者は、治療の効果に疑念を差し出すのだが、フロイトはそういうことを相手にせず、ただ「私の見立てではきっと治るから大丈夫だとのべると、みるからに彼は大喜びする」と書いている。フロイトはちょっと能天気と言わざるをえない。こうした保証が患者を安心させないことは分析家にとっては常識で、その証拠に第六セッション冒頭になると、「両親が自分の考えを見抜いている不安があった」という連想が生じ、「父が死ぬ不安」の回想へとつながってゆく。これは当然である。フロイトは五セッションの半ば以降は「模範的人物」という転移を引き受けているようだが、このような理想化はほとんどの場合、迫害的なものの防衛である。フロイトが不安を十分に扱わず保証に逃げたことによって、鼠男の激しい怒り、殺意を生んだのだが、フロイトは裏返しの賞賛によってごまかされてしまっている。

このプロセスノートでも有名なくだりである、四〇回目のセッション前に食事を与えたというフロイトの行動化も転移的交流のなかで考えることができる。三九回のプロセスノートの最後には、「彼にしてはまとまった話だったが、これに食われたせいで、ほかにあった目下の大事な話題がみんなかき消されてしまった」（強調、筆者）と不満気に書いている。鼠男の貪欲さをフロイトは嫌だった。四〇回目のセッション前に食事が与えられたのは、その貪欲を食事を与えることで置き換え的に満たして押さえ込みたいという無意識の逆転移性願望に動かされていた可能性がある。フロイトの側の攻撃的な意図のある行動化と言えるだろう。患者はそのセッションをすぐに「やせなければいけない（私は食べません）」という強迫についての連想ではじめ、貪欲さを抑え込んでみせてフロイトに迎合しているように見える。

一概に患者の迎合的な態度が行き過ぎており、フロイトはその態度にときおり違和感を感じつつも、その背後の感情や空想には無頓着で、とうとう患者が焦れてグロテスクで攻撃的内容の「転移」空想を発展させざるをえない、という過程が繰り返される。無意識の転移を解釈的に扱う代わりに、フロイトは保証や知的説明（一種の内容解釈ともいえるが）で説得しようとするのである。

無意識の転移そのもの、とくに陰性のものを扱わず、知的な教育的介入によってそこをしのぐ、という非分析的態度は、三〇年後に「終わりある分析と終わりなき分析」に登場する患者としてのフェレンツィが、フロイトによる自分の分析に対する批判として言っていることと完全に一致する。そして鼠男のフロイトに擦り寄るような態度も、フェレンツィを想起させる。鼠男がもっと長生きしていたら、フェレンツィと同じようにフロイトと決裂していたのではないか、と私は空想するのである。

フロイトの悲劇

私はフロイトを愛していると思う。こうして彼の分析家としてのまずいところをあげつらっているのも、彼への憎しみのせいではない。

彼の天才的直観は精神分析の営みの本質を見抜いた。しかし、彼は実践家としてはその本質に近づけなかった。学問的関心で患者をみてはいけない、ということを「分析治療を行う医師への注意」（一九一二）で強調しながら、彼は鼠男を治療中に何度も水曜会で提示した。どこかで彼は自分は特別だと思っていたのかもしれない。それは彼がやはり、分析を受けていないからだ、と私は感じる。こころとこころの交わりによって人が変わるということが彼は体得できていなかったし、自分がいったん患者になるといかに病的な部分に向き合わなければならなくなるか、ということに直面していなかった。彼はふつうの社交生活の延長でフリースとの自己分析的対話に入った。もちろん、自己分析をする内的動機はあったが、それを意識して、決断してフリースと関ったわけではない。彼の自己分析を助けたフリースは、フロイト宛の書簡は残っていないから確かなことは言えないが、間違いなく自分の奇矯な考えの受け皿としてフロイトをナルシシスティックに使っていただろう。精神分析的交流の大前提としての非対称性は確保されず、彼はフロイトの受け皿に十分にはなれなかった。フロイトの苦しみ、もがきは誰からも理解されていなかった。それにもかかわらず、彼はその交流から精神分析を創造した。背筋が凍るほどに恐ろしく孤独で切ない歩みだったと思わざるをえない。

彼がこころを交えることなく、直線的に自分の考えを押し付けるさまは、おそらくフリース体験を反転して具現しているのではないだろうか。それが彼には精一杯だったのだろうと思う。彼は精神分析を創始しながら、十分には精神分析家になれなかった人なのかもしれない、と私は考えている。それはあまりにも傷ましい悲劇というしかない。

第五章　フロイトの疚しさ

――「終わりある分析と終わりなき分析」にみるフロイトの限界

この論文も、私のフロイトに対する愛が書かせたものだと言えるだろう。

フロイトが自分の生み出した精神分析の有用性にきわめて悲観的な見解を示した「終わりある分析と終わりなき分析」を取り上げた。

私の結論は、限界はフロイトの方にあるのであり、精神分析にあるのではないということである。つまり、私はフロイトの生み出した精神分析に希望を託しうる可能性に言及していると同時に、フロイトの盲点を明らかにしている。フロイトには精神分析の可能性が見えなかった。それは、彼がフェレンツィを十分に悼むことができないことにまつわる、ある種のフロイトの未解決の病理に行きつくものである。

とはいえ私はフロイトのもつ、こうした不完全さ、人間らしさを愛する。彼が生み出した精神分析のもつ生気aliveness の源はそこにあるのだと思う。フロイトが人間であることが、精神分析の成立にとって最も重要なことだった。

「終わりある分析と終わりなき分析」（Freud, S. 1937）はフロイトの死の二年前、一九三七年のはじめに書かれた。ナチスはいまにもオーストリアに迫ろうとしており、彼のウィーンでの八十年近い生活は終わりを告げようとしていた。彼はあれほどウィーンが嫌いであると常日頃言っていたのにもかかわらず、なかなかそこから離れないまま、最晩年を迎えつつあった。だが、ついに翌一九三八年にロンドンへの亡命を余儀なくされ、さらにその翌年、一九三九年に生涯を閉じたのである。

この論文は、まとまったオリジナルな精神分析論文としては、最後のものであると言ってよい。ここでフロイトは、精神分析の考えに基づく人間性理解ではなく、精神分析実践そのものを俎上にのせている。最晩年のフロイトはここで、自分が生み出したきわめて特異な実践である精神分析がどれほど有用なのだろうか、という問いを発しているのである。その問いに対してこの論文は、どちらかというと悲観的な答えを返した。この論文でフロイトは精神分析実践の限界に触れたのである。

もちろん精神分析に限界がないはずはない。どのような臨床的な営みも、有効性のあるものは必ず限界をもっている。それにしても、フロイトは最晩年に自らの生み出した実践を振り返って、その実践の有効性やそれにまつわる希望に触れるよりも、その限界をいくぶん悲観的なトーンで語ることを選んだのである。私はこういうフロイトが好きである。この正直さが彼の魅力だと私は思う。だが彼はほんとうに精神分析の限界を明確に見据えていたのだろうか。

結論から先に言ってしまえば、ひとりの精神分析家として、私も精神分析に限界があることを認めることに吝かではないのだが、私から見ると、ここでフロイトが提出した限界は、精神分析の限界だとは思えない。私がここから読み取るのは、精神分析の限界ではなく、フロイトの限界なのである。

フロイトはたしかに天才であっただろう。主体が内省によって自己を変革することが、逆説的ではあるが、他者との対話によってのみ可能になることを彼は発見した。精神分析状況の設定とそこでの技法のありかたには、そのフロイトの発見が確実に形になっていると私は思う。しかし、彼はその発見にあまり意識的であったわけではない。

精神分析状況をもっとも特徴づける「カウチに横たわる患者と患者から見えないところにすわる分析家」という配置の治療的意義を、彼は明確に説明できなかった。おそらく直観的にその意義に気づいてはいても、それは彼には不分明なままであった。そして、彼は治療的交流の重要性にもいまひとつ開かれていなかった。すでに一九〇六年の時点で、カール・グスタフ・ユングは一九六通書き送ったフロイトへの書簡の最初のものにおいて、フロイトの見解に微妙に反論して「つまり、あなたの治療は私にはただ単に除反応による情動の解放に基づいているだけでなく、何らかのパーソナルなラポールにもよっているように見えます」と書いている（McGuire (ed) 1974）。この時点でユングがすでに気づいていた精神分析に内在するパーソナルな交流の意義に、当時のフロイトは十分には気づいていなかった。もちろん転移という鍵概念はすでに発見されていた。しかし、彼が精神分析に内包される特殊な関係性の揺らぎや漂いに十分に開かれることは、ついにその後もなかった可能性が高い。

精神分析の営みがふたりの、主観（体）的なこころの重なり合いと響き合いとにその根拠をおいていること、わけてもその過程で分析家が自らのこころ（頭ではなく）を使うことが決定的に重要であることに、おそらくフロイトは開かれなかった。精神分析の揺籃期にユングがすでに意識していたらしいそうした事実に、彼はついに開かれなかった。そういった視点から見ると、最愛の弟子であったサンドール・フェレンツィと、この論文を書く四年ほど前に訣別せざるをえなかったことは自然の成り行きであったと考えられる。フェレンツィこそ、患者と分析家のふたりのあいだで起きている「できごと」として精神分析を明確に捉えようとした先駆者であったからである。

フロイトは誰を悼んだか

この論文にはそのフェレンツィのみならず幾人かの人物が登場する。離反した弟子もしくは論敵として、あるいは患者としてである。フェレンツィはその両方として登場する。患者としてだけ登場するのはウルフマンとエマ・エクスタインであり、論敵としてはフェレンツィのほかにオットー・ランクが登場する。この論文は、別離した患者たち、そして離反して自分から去って行った弟子たちに対する喪の仕事の産物であるといってもよいだろう。

患者として登場した三人が、すべて一九一〇年代以前に彼が治療したケースであることは興味深い。いずれも彼がその地位と技法を完全に確立する以前の患者である。

一九二〇年代以降になると、フロイトが分析する患者のほとんどは、訓練分析を求めて外国からやってきた臨床家になった。すでに権威としての地位を確立していたこの頃のフロイトについて、患者たちの手記や発言は一様にひとつの方向を描き出しているように思われる。たとえばその時期に分析されたスマイリー・ブラントン（Blanton 1971）は理想化された父親としてのフロイトにひたすら身をゆだねていたように思われるし、ジョセフ・ウォルティス（Wortis 1954）は権威としての父親フロイトに反抗してもがき苦しんだ末、治療は失敗する。だがいずれにせよ、フロイトがそうした権威的で理想化された転移に対して自分のこころを動かして理解し、それを正面から取り扱った形跡はなく、教育的権威的な応対に終始している。患者の病的部分、乳児的部分を引き受け、さまざまな情緒に持ちこたえながら格闘し、自分のこころの部分的変容を通して患者を理解していく、といった、現代の精神分析の症例報告でなじみ深い局面はまったく描き出されていない。そこには動的な印象がなく、ある意味でフロイトは全知の分析家という役割を静的に引き受け続けているように見える。

フロイトがほんとうに治療者として生きていたのは、おそらく一九一〇年代まででであったのだろう。それゆえにこそ、この論文を書く最晩年になって振り返ったときに、彼のこころに去来した患者との分析の記憶はその時代のものであった。それ以後の彼の分析はある意味、権威としてのフロイトによる教育的なものであった可能性が高い。それは精神分析の営みとしては生きていなかったのではないだろうか。だがここでさらに重要なのは、この晩年の論文で取り上げた患者たちがどの患者もいわくつきの患者であるということである。

フェレンツィについては後で詳しく述べるが、この論文でフロイトは「うまくいったことは明白なのに、それに対して異議を唱えている」というニュアンスで患者としての彼のことを語っている。決してフロイトによる治療に技法的過ちがあったというフェレンツィの主張に同意していない。

ウルフマンについては、事態はいくぶん複雑である。フロイトはこの論文で、ウルフマンを期限設定技法の例として挙げている。一九一八年に出版したウルフマンについての論文（Freud, S. 1918）は彼の書いた最も精緻な症例報告であり、一九一四年に回復を果たした彼は治療を離れて母国に帰っていった。その成功をもたらした技法が期限設定技法であったのだが、結局彼は再発し、別の治療者の治療を受けることになり、その後あまり生産的な生活をしていない。期限設定技法が意味があったのかどうか、この論文を読んでもフロイトは説得力をもって明確に語っているとは思えない。ウルフマンの診断や基本的な治療方針に対して、この時点で疑義を感じてもよさそうなのにそれもしていない。つまりこのケースにおいて彼が、自分が分析家として患者になしたことに正面から向き合っているように、私には思えないのである。

エマ・エクスタインについてはさらに事態は複雑である。彼女はこの論文にヒステリー性の歩行障害の患者として匿名で登場し、「九カ月続いた分析が障害を取り除き、優秀で有用な人物であるこの患者に人生において何かを生み出す権利を回復した」とされている。この論文のなかで彼女は、晩年に身体疾患にかかり、その手術者への恋慕のなかで妄想的になって死ぬまで治癒しなかった、と語られる。かつてのヒステリーと恋愛妄想とは同じ基盤があり、最初の分析では完全によくなっていたようにみえてもまだその基盤は残っており、新しい現実的外傷によって再び発症した、とフロイトは論じている。

ところがこの患者が、エマ・エクスタインという実名をもつ人物であることが最近わかってきた（Breger 2000）。彼女こそ、フロイトを精神分析家にした著作であるといってもよい画期的な著作、『夢判断』（Freud, S. 1900）のなかで大きな位置を占めるフロイト自身の夢、「イルマの注射の夢」に登場するイルマである可能性が高いのである。つまり、エマは『夢判断』と「終わりある分析と終わりなき分析」というフロイトの分析家としての出発点と到達点とで書かれた著作において、三十七年の時を隔てて言及されているのであり、この患者がフロイトのこころのなかで抜き差しならない意味をもっていた可能性が示唆される。

『夢判断』においては、手短に言うと、「イルマの注射の夢」は、イルマ（エマ）についてのフロイトの治療上の誤りについての無実の罪を晴らし、自分が他の医者よりも良心的であることを証明する、というフロイトの願望の表現として解釈されている。しかし、フロイトからフリースへの全書簡が出版されて、この夢の背後にあるフロイトの真の願望が明らかになった。それは現実の彼女に不注意な鼻の手術を施行したフリースをかばうことだったのである。実際、夢のなかでフロイトがイルマ（エマ）の咽喉を覗き込んだとき、まさにフリースが手術した鼻甲介らしい構造を見つけたし、夢のなかで彼女の感染症を引き起こした注射は、以前彼がフリースとの会話で話題にした「トリメチラミン」であった。つまり、フロイトはその夢のなかに、彼女の病気を悪化させた人物としてのフリースを登場させていた。だが当時の彼にとって、フリースはかけがえのない最愛の人物であった。彼は『夢判断』でのその夢の解釈において、フリースをかばう願望を自分を正当化する願望へと偽装した。フロイトにとって、フリースは過ちをおかしてはならない存在であった。実際、エマはフリースの手術過誤によって失血死しかけたのだが、フロイトはフリースの過ちを直視せず、ヒステリー性の出血だとぎりぎりまで誤診していたのである。

フロイトにとってエマは、いろいろな意味でたいへん大きな意味をもつ患者だと考えられる。彼は、彼女を『夢判断』という自分を精神分析家にしたと言ってもよい書物においてもっとも紙数を割いた夢、「イルマの注射の夢」のなかに登場させたが、その夢を自分のほんとうの気持ちを歪曲した形で解釈せざるをえなかった。彼女は、フリースの手術過誤とフリースに対する盲目的な愛情に由来するフロイト自身の対処の遅れがその生命を危機に陥れ、その頰に生涯消えない窪みを残してしまった患者である。彼女はフロイトにとって、ひとりの医者、臨床家として生涯の終わりに振り返るときに、忸怩たる思いに駆られるはずの患者である。どんな臨床家にもそうした患者はいるだろう。臨床とはそのような営みである。

しかし、驚いたことに、この論文で再びエマを彼が取り上げたとき、そうした忸怩たる思いや悔恨はきれいに拭い去られている。ごく平板なさらっとした調子で、過去の分析が届かないところがあっても治癒したように見えたが、外傷をきっかけにその未解決な部分が動いて再発した患者の例として語られているだけである。現在までに知られているエマの詳細な病歴を検討すれば、この症例記載に過剰な単純化があるのははっきりしている。

きわめて素朴な疑問が発せられざるをえない。それほどまでに心痛む、いくぶん疚しい気持ちの疼くような患者を生涯の終わりにわざわざ取り上げながら、フロイトはなぜこれほどまでにあっさりとそれを扱うのか。おそらくここにはフロイトのきわめて不完全な、いくぶん病的な喪の仕事のありようが表現されている。彼は生涯の終わりにその心疚しさに何らかの決着をつけたかった。だから、この患者をもう一度取り上げた。だが、彼は自分の自責の念や罪悪感に正面から向き合えなかった。きわめて不徹底な形でしか、その患者のことを語れなかった。否認と単純化と感情の隔離によって、彼はエマと距離をとろうとした。

こうしてこの論文に登場する三人の患者、フェレンツィ、ウルフマン、エマの誰もが、フロイトにとって、ある種の強い疚しさ、強い悔恨を掻き立てる可能性を帯びた患者であったことがわかる。にもかかわらず、その悔恨と自責を、彼はどの患者についてもこの論文でまったく語っていない。たしかに、フロイトにとって彼ら三人は生涯の終わりに取り上げるべき患者だった。彼らについての罪悪感、抑うつ的な要素をきれいに拭い去った形で語りなおすことによって、彼は悔恨と自責から救われる必要があったのだろう。こうして喪の仕事は、現実を否認する未完成なものに終わってしまうのである。

そうした喪の仕事のありさまは、ランクを取り上げる際にもあらわれているように思う。この論文の冒頭で、フロイトはランクの出生外傷説（Rank 1924）にもとづく治療期間の短縮の試みを批判している。生まれ出ること自体が外傷であり、そのことこそが人間の病理をかたちづくる最大の要因である、というランクの理論はフロイトにとって、彼の理論の根幹をなすエディプス・コンプレックスの中心性への挑戦であった。したがって、フロイトはこの部分で、ランクがその理論に基づいて提出した治療期間短縮の試みを一刀の下に切り捨てる。だがフロイトは、自分の治療期間短縮をめざす実践とランクの技法のあいだにある違いを明確にしていない。そもそも、人間のよるべなさ、本質的な外傷状況という発想にもとづく不安理論改訂という後期フロイトの大きな認識論的転換に、ランクのアイデアが全く関係していないかどうかは疑問であり、フロイトはここでもランクの業績をきちんと認めないままに、彼のアイデアをひそかにとりいれているのかもしれないのである。

こうして、この論文中に登場するすべての人物は、たしかにフロイトから悼まれるべき人物であるはずなのに、きわめて不完全にしか悼まれていないと感じられるのである。

フェレンツィへの喪の仕事

この論文がとりわけ誰の喪に捧げられているかといえば、もちろんそれはフェレンツィであるだろう。彼はフロイトにとって最愛の弟子であった。フロイトは彼との二十五年の付き合いを一九三二年、この論文の書かれる五年前に絶った。そしてこの論文が主題とする、精神分析の治療可能性、限界といった問題に一九二〇年代以降渾身の力で取り組んでいたのはフェレンツィであった。この論文を執筆するフロイトが、彼と決別して一年後に死亡したフェレンツィと絶えずこころのなかで対話していただろうことは想像に難くない。

精神分析の限界はどこにあるのか。それはどのような症例を癒しうるのか。精神分析に扱いうる限界に近い患者たちの分析において分析家には何が要求されるのか。このような大きな問いを、フェレンツィはフロイトに命がけで投げかけて死んでいった。この論文をその問いに対する答えだと考えることもできるだろう。

フロイトが一九二〇年代以後、教育分析を中心に、より正常度の高い患者を分析し続けることになったのに対し、フェレンツィは臨床精神分析の最前線で重症の患者と対峙し続けた。現在の時点からみると、フェレンツィはフロイトの古典的な構えではそれ以上先にいけないと考え、新しいことを試み続けていたといえるだろう。一九一〇年代から二〇年代初め、患者に葛藤を強力につきつけていく積極技法をフェレンツィが試みたとき、フロイトは彼を応援し、まさに自分ができないことをフェレンツィがやっていると感じていた。しかし、リラクセーション（弛緩技法）へとフェレンツィが進んでいったとき、フロイトはフェレンツィについていけなくなった。一方、フェレンツィはフロイトへのほれ込みをもてあましながら、アンビバレントな感情状態に陥った。フロイトへの音信は奇妙に滞り、しばらくすると何事もなかったような賛美で再開される、というような顚末が繰り返された。そしてついに、彼は神経症の病因を外傷に求めざるをえなくなり、一九三二年に「言語の混乱」を発表した。それはフロイト理論の根幹と大きな齟齬をきたさざるをえないものだった。ここに決定的な別離が生じた。休暇中のフロイトは、フェレンツィが査読を求めて持ってきた発表原稿を読んだあと、一言も口を利かずに彼と別れたのであった（Rachman 1997）。

フロイトのこの時点までのフェレンツィに対する応対もまた、きわめてアンビバレントである。カール・アブラハムやアーネスト・ジョーンズのフェレンツィに対する非難には微妙に同調しない態度をとりながら、彼はやきもきとしつつフェレンツィの動向を窺いつづけていた。フロイトとフェレンツィとの決別はフロイトにとっても、フェレンツィへの追悼文（Freud, S. 1933b）に述べられているようなすっきりしたものではなかったはずである。その解決されない思い、ワークスルーされなかった喪が、この論文のなかには色濃く影を投げている。この論文において、フロイトは実際にフェレンツィについて四箇所（一箇所は患者として、三箇所は同僚として）で言及している。これらの箇所に光を当ててみよう。

患者フェレンツィと分析家フロイト

この論文の二章において、フェレンツィはフロイトの患者「ある医師」として登場する。そしてフロイトはもちろん「分析家」として登場している。（ここの部分は、私が独語原典、英語標準版を検討したところでは、人文書院版『著作集』の日本語訳に誤りがあるところである。人文版は残念にも文脈を追えずに、主語を取り違えてしまっていて、その結果分析家と患者が取り違えられて訳されている。）

患者は愛する女性と結婚し、彼が競争相手だと思っていた人たちの教師や友人となった。こうして長い年月がたち、そのあいだは彼の以前の分析家との関係にも曇りはなかった。しかし、とくに思い当たる理由もないのに厄介なことが生じた。分析を受けたその男性は分析家と対立し、完全な分析を与えなかったことで分析家を非難したのである。彼が言うところでは、分析家は転移が純粋に陽性ではありえないことをわきまえ、それを考慮に入れておくべきだった。そして陰性転移の可能性に注意を向けるべきであった。これに対して、分析家は、分析の時点では陰性転移の徴候はなかった、といって弁解した。もちろんその昔の時期、精神分析の限られた視野からすれば、そのかすかな徴候があったとしても見落としていた可能性は除外できない。とはいえ、自分がそれを単に指摘しただけでは、その話題（いわばひとつのコンプレックス）が患者のなかでカレントに活動していなかったのだから、それを動き出させる力はもてなかっただろう。そこを動かすためには、分析家の側の現実での友好的でない何らかの行動が必要とされたことだろう。そのうえさらに、と分析家は付け加えた。すべての分析中や分析後の患者と分析家のよい関係が転移であるとはいえない、現実にもとづいた、実りをもたらしうる友情関係というものがあるのだ、と。（Freud, S. 1937, pp. 221–222、筆者訳）

フロイトは、転移分析が不十分だ、と言っているフェレンツィに対して反論している。そしてこの後のところで展開する議論、「カレントな」葛藤以外には分析は及ばないのだ、という精神分析の「予防効果」についての疑念を表明し、転移外の治療同盟の重要性を主張している。

一九三〇年、ふたりの分析の終了後十五年近くたって、そして二人の決別の三年前に起きたこの論争は、後年のメラニー・クラインとアンナ・フロイトの論争、すなわち転移解釈か「よい同盟の上の教育的介入」かの論争を思い起こさせる。その視点からみると、しばしばアブラハムの影響を強調して取り上げられがちなクラインが、彼女の最初の分析家であったフェレンツィから受け継いだものは大きかったといえるかもしれない。そもそもフロイトは初期から一貫して、分析家と患者のよい関係を背景にした解釈という考えを技法論のなかで保持してきた。教育や暗示との区別について、彼はその後もかなり微妙に揺れ動き続けた。そして晩年になると「自我と自我との同盟」としての治療同盟という自我心理学的な概念によってその構えは補強されていったといえるかもしれない。

フロイトによるフェレンツィの分析は第一次大戦の影響もあってとても短期間に終わっている。現在の私たちからすると、そのセッション数はあまりに少ない。転移を十分に扱ったというフロイトの主張は今の時点から見ると、やや非現実といわざるをえないだろう。

一方、フェレンツィは自分の分析についてどのように考えていただろうか。フェレンツィは一九三三年に死亡するわけだが、三二年の初めから（有名なクリスマスレター、つまりクララ・トンプソンの分析で彼がトンプソンのキスを受け入れたことをたしなめたフロイトの手紙の直後の時期である）、『臨床日記』（Ferenczi 1988）をつけ始めた。そこには彼が自分の分析をどう考えていたのか、克明に記されている。三月十七日にフェレンツィは、自分の患者へのいれこみすぎ、患者の気持ちについての過敏さを問題にしながらも、同時にその部分が臨床家としてのある種の利点でもある、と述べたうえで、「そのうえに感動とリラクセーションの亢進を適時に抑制できる力も身につけることができれば、成果をあげる見込みはさらに確実なものとなるだろう。だが、私自身の分析は十分深くまで進めなかった。なぜなら私の分析家が彼の健康への強固な意志と弱さと異常性の反感によって、そのような深さまで私を追及することができずに、あまりに早く「教育の段階」に持ち込んだからである」と記している。

彼は自分の分析があまりに不十分に終わったために、患者の情緒を受け止め、それを解釈に紡ぎあげることが十分にできなかったことを自覚していたように思われる。彼はフロイトが自分の転移を扱うかわりに、実生活で自分を「王子」のように扱う行動化で無意識的に対処したことを八月四日に日記で指摘している。実際に一九一〇年代の彼は「王子」として将来を約束され、フロイトよりも早くアイデアを思いつき、それをフロイトに捧げ、フロイトのものとする、ということを続けていた。このようなあらかじめかたちづくられた強烈な転移的状況を背景にして分析が開始された。このような転移を分析しつくすことが不可能であることは論をまたない。だが双方にとって痛ましいことに、フロイトは分析を開始した。

フロイトは先の引用の箇所で、フェレンツィの面接室外の状況を転移ではない、と主張して、事態を合理化している。フロイトは転移をせまくとり、そのかわりに「現実にもとづいたよい関係」、すなわち治療同盟という概念をもってきたのである。

分析家フェレンツィとフロイト――精神分析はどこまで達しえるのか

フロイトは、片方では外科医のモデルを援用して分析家はあくまで「冷たく」あれ、と語った。しかし片方では、「無意識をもって患者の無意識をつかまえる」という、無意識的なこころを使用する、というアイデアをも語った。この後者のアイデアこそが、その後の精神分析、とりわけ対象関係論が、分析家が特定の感情に支配されたり、具象的に自らを動かされそうになる強い圧力を感じたりすることを自分に許し、そうした自分のこころそのものを使って患者の何かを理解していく、というスタンスをとることを促した、最初の萌芽であったといってよいだろう。

私の考えでは、フロイトがこの流れを追及することをやめた、というのがフェレンツィの彼に対する批判の核心だと思われる。フェレンツィは、フロイトが重症の病理を扱うときに必須である、自分のこころを動かすこと、そしてそこから自分をみつめる営みをやめた結果、治療的悲観主義に陥ってしまった、と一九三二年五月一日の日記のなかで批判している。そして、フロイトは患者を愛することをやめ、身体的なものとしての本能に逃げ込み、感情を排除し、教育的になった、と嘆いている。みすず書房版の邦訳から引用すると、

フロイトはある程度完成されたものをブロイエルから受け継いだだけで、分析の発見者ではない、ということを忘れてはならない。おそらく彼は理論的知的に受け継いだだけで、情動に裏付けられた確信を欠いていたのである、その結果、彼は他者を分析するだけで自分を分析しない。(…)フロイトが、明らかに私が口が堅いことを

計算に入れてのことだが、私のまえでもらしたある発言を思い起こさなければならない。「患者どもはろくでなしだ」。患者のよいところは分析家を生かしてくれるだけで、結局分析家の研究材料だ。われわれ分析家は患者を助けるなどできない。治療へのニヒリズムというしかない（…）。

当初フロイトも（…）情熱的献身的に（…）治療に没頭したのではないか。（…）しかし何かの経験が彼を動揺させ、ついで現実に引き戻した（…）（ヒステリー患者の嘘の）発見以来、フロイトは患者を愛さなくなった。洗練された規律正しい自らの超自我への愛に戻ってしまった。（…）外傷について語ることはまれになり、素質が理論の主役を演じるようになった。（…）

時期を下るほど非個人的になっていく彼の治療法の変化は（…）〔治療者の〕態度によって転移が人工的に生み出されているとは夢にも思わず）、転移は患者によって形成されると考える。この技法には部分的には正しいところがたしかにあって、古い過去の素材を浮かび上がらせるために役立つだろう。しかし、もし医師が自らへの注視を怠れば、居心地のいいこの関係に必要以上に長く居座ってしまうことになるだろう。（Ferenczi 1988, pp. 130–132）

一方、フロイトがフェレンツィの晩年の論文にこめられていた批判の本質に気づいていたかどうかは、はっきりしない。ただ彼がフェレンツィの治療的な楽観主義にかなり苛立っていたことはたしかなようである。次にフロイトがこの論文でフェレンツィを引き合いに出すのは、そうした治療的楽観主義に関する文脈である。たとえば、治療期間の短縮について催眠が意味をもつと考えられた時期があったが、そうでなく、その代わりはみつかっていない、と述べた後、この点から見れば、フェレンツィのような分析の大家が彼の晩年を治療的実験にどれほど捧げたかを理解できる。だが、それは残念なことに無駄に終わった。（Freud, S. 1937, p. 230、筆者訳）

と語っている部分である。そしてこの論文の最後の部分でも、

フェレンツィが一九二七年に発表した論文で、成功した分析であれば（去勢不安とペニス羨望の）ふたつのコンプレックスを乗り越えているべきだ、ということを要請した。私が付け加えたいのは、私の経験からいってフェレンツィがしているのはたいへん大きな要求だ、ということである。（(Freud, S. 1937, p. 230, pp. 251–252、筆者訳）

と語って、フェレンツィの治療の徹底性への意欲に疑問を呈している。

フェレンツィはフロイトを「ニヒリズム」と批判し、フロイトはフェレンツィを楽観主義だと言って、彼の治療的実験を非難する。分析の営みがどこまで達しうるものか、その可能性をどう見るかについて、フロイトとフェレンツィのあいだに決定的な見解の相違があったことは間違いないだろう。

この見解の相違の背後にあったのは、分析家が分析において自身のこころをどれほど使うのか、という点における二人の考えの違いであったと考えられる。フェレンツィは自分のこころ、パーソナルで情緒的なこころを揺り動かされることを許しながら、その動きと漂いを通じて患者を理解することが必要だと考えていたのだろう。それゆえ、彼は徹底した訓練分析、患者の分析よりもはるかに徹底した訓練分析を分析家に課すべきだと主張した。一方、この

「終わりある分析と終わりなき分析」においてフロイトは、訓練分析は単なるイニシエーションに過ぎない、という趣旨を語っている。ここからも、フロイトが情緒をフルレンジで動かすものとして分析実践を考えていなかったことが見て取れる。すでにその後の対象関係論の展開を知り、ビオンの言説に親しんでいる私たちは、分析家が患者のこころの一部を自分自身のものとして体験するというある種の危機が精神分析の営みの中核に存在していることを知っている。フェレンツィはそのことに暗黙に到達していたかもしれない。しかし、彼はそれを書き表すことなくこの世を去った。

フェレンツィは日記でフロイトを批判しながらも、同じ日にフロイトの天才を賛美している。治療者としてのフロイトの限界とパラダイムメーカーとしてのフロイトの偉大さをはっきり識別しているかにみえ、それでもなお、つらいアンビバレンスを漂わせている。『臨床日記』はフェレンツィのフロイトへの喪の仕事がきわめて克明に表現されているといえるだろう。

一方、「終わりある分析と終わりなき分析」にはフェレンツィへのアンビバレンスが感じられない。平板な切捨てと苛立ちだけが漂っている。私からみると、そこにあるのはとても不完全な喪の仕事である気がする。この論文のなかに姿を現わす最も重要な他者であるフェレンツィを、フロイトは十分に悼むことなく葬り去ってしまった。自分の情緒を通して患者と向き合うことが難しかったように、彼はフェレンツィへの情緒を十分にもちこたえることが難しかったのかもしれない。

この論文は、精神分析が自分の手を離れていくことへのある種の予感とそのことを受け入れることにまつわる苛立ちとがフロイトに書かせた論文といえるかもしれない。フロイトは自分自身を超えて、精神分析がそれ自体として進展していくことを想像することが難しかったのかもしれない。ここでフロイトは精神分析の限界を書いたつもりだったのだが、この論文を通じて精神分析のほうがフロイトの限界を知らせてくれているように思われる。そういった意味で、いくぶん皮肉ではあるが、この論文は彼の生涯の終わりを飾るにふさわしい論文である。精神分析はけっしてフロイト個人のものでなく、自律的に思考の対話的運動を続けていくひとつの文化であり、実践であるからだ。

第Ⅲ部　日本の精神分析との語らい

第六章　「『自分』と『甘え』」再考

土居健郎は私にとって特別な存在である。フロイトについて何かと書かずにはおれなかったように、私は土居についても何かを書かずにはおれなかったのである。

土居が言いたかったのは、「自分」が生まれる過程は「甘え」と深くつながっているということである。その過程は、歴史性の出現や不在と欠如を心的に体験することと本質的に同値の過程であることを、土居は「甘え」概念を成立させる局面で気づいた。「甘え」概念の存在論的なこの意味合いを、私は強調したかった。それが成功しているかどうかは疑問だが、「甘え」について自分なりの視点をうち立てたいという願いがあったような気がする。それは土居の引力圏からどう自由になるか、という問題への取組みの具現だったように思う。

はじめに

土居の「甘え」理論は精神分析、精神療法の枠にとどまらず、文化論、日本人論という文脈で読まれがちである。しかし、ここで私はあくまで、二一世紀初頭を生き、日本語で臨床実践をしている精神分析的な臨床家としての関心の範囲で、「甘え」理論を検討したいと考える。すなわち、土居の仕事のうち、精神分析的な治療論、病理論、生成‐発達論に限定的に取り組みたい。「甘え」理論の検討が日本の臨床精神分析にとって、きわめて重要な課題だと考えるからである。それは、精神分析という輸入文化にはじめて日本人が創造的に取り組んだ記念碑的な貢献のひとつである。

「甘え」理論の孤立性

さて、精神分析の歴史において、ひとつの理論なり思考なりが、手つかずの形で長く命脈を保つことはない。フロイトに対してアンナ・フロイトが、クラインに対してビオンが試みたような、本質的な対話の手が加えられることなしには、理論の臨床的思索におよぼす活力は時とともに保ち難くなる。フロイトとクラインの晩年の著作（たとえば前者の『精神分析概説』、後者の『羨望と感謝』）はそうした対話の成果といえるであろう。そうした対話は必ずしも理論を直線的に発展、進歩させるものではない。しかし、ある理論が理論として意味を持ち、実践のなかで何ものかを生み出すためには、その理論が常にその存立を脅かすほどの本質的な対話に曝されていることが前提条件ではあるまいか。そうした観点からみて、土居の理論についての対話は現在きわめて残念な状況にある。日本の精神分析サークル内部で、土居理論と取り組み、批判的に対話する動きが十分であった、とはとてもいえないだろう。「甘え」理論は対話から隔離されてきたのではないだろうか。それは、学術書ではない『「甘え」の構造』（土居　一九七一）がミリオンセラーになり、誰もがわかったつもりになってしまった、ということなのだろうか。

私は、土居理論に宿命的に内在する独特の孤立性があるのだと思う。理論の孤立性とは、安易な対話やほかの理論との対比が困難であるということである。しかし、それは対話そのものを拒絶しているということではない。逆に、それは他者との対話をある意味で保証するとも言える。それは他者とのあいだに空間があることを意味し、その空間は何物かがはらまれることを抱える。孤立の程度が大きく空間が広いほど、その理論と対話するための努力は大きくなるが、本気で対話を試みたときに何かの生まれる容量も大きくなる可能性がある。「甘え」理論と対話するとき、どのような領域にその空間が広がっているのかをみる必要があるだろう。

その孤立性に二種類を区別できる。ひとつは、彼が理論的道具の手に入れられない時期に、いわばひとりの先駆者として徒手空拳でフロイト理論と格闘したことによる歴史的な孤立性である。土居の営んでいたきわめて対象関係論的な思考は、バリントを参照してはいるが、ウィニコット、フェアバーン、ビオンといった対象関係論の書き手たちの仕事は触れられていない。土居の仕事を一読しても、彼らの理論とのつながりや差異を明確にすることは困難である。というのは、彼らが主にクラインとその一派との批判的対話という共通の文脈のなかで理論を形成したのに対し、土居は彼らと同時代に生きてはいても、孤立的に思索していたからである。

さて、もうひとつの孤立性とは、概念規定の本来あいまいな多義的な日常語を鍵概念にしたことによる、より本質的な孤立性である。土居は「甘え」の概念規定があいまいであるという批判（竹友　一九八八）に対して、日常語に定義がないのは当然だとして、その多義性を基礎とした多産性を強調してきた。その多義性の上でさまざまな文脈にそって意味を生み出し、既成の精神分析的概念のあいだにつながりをつけ、生気を与える母性的機能を、土居は多産的であると呼んだのである。だが反面、日常語使用による曖昧さは対等な議論の足場を危うくし、生産的対話を遠ざける結果をもたらした側面もありうるだろう。

「甘え」理論の今日における意義を再評価し、本質的対話を試みるためには、この二種類の孤立性を乗り越えねばならない。そのために私は、土居が「甘え」理論を発想する起点となった臨床体験を見直すことが重要であると考える。土居の著作に登場する臨床事実と現在の臨床現場にいる私たちの経験とをつき合わせてみることによって「甘え」理論がたち現れた場所において対話することが可能になるであろう。私はこの小論で、土居の代表的論文のひとつである『「自分」と「甘え」の精神病理』を素材として、そのような対話の試みの端緒を開きたいと考えている。

『「自分」と「甘え」の精神病理』（一九六〇）における「自分」

一九六五年頃までの、すなわち『「甘え」の構造』を書く前の土居は、その後の彼が文化論論的方向へ関心を広げていったのとは対照的に、対象関係論的思考が英国で形成されつつあるのとほぼ同時代に、「甘え」を軸に精神分析理論との格闘ともいえる思索を営んでいた。その格闘が独特な対象関係論的含蓄をもつ「甘え」理論を生み出した。

彼の学位論文でもある『「自分」と「甘え」の精神病理』（土居 一九六〇）は、その時期の土居の思索の跡をたどれる記念碑的論考である。

この論文に語られていることは、次のように要約できるであろう――「甘え」をじゅうぶんに自覚し、なお「甘え」が本質的にもっている満たされなさをもちこたえることによって、成熟した「自分」の意識を個人がもつことができること、そしてそれがうまくいかないと、「『自分』がない」状態となり、精神病に陥りさえすること。

この論文では、このように「『自分』の意識」と「甘え」の関係が主題となっている。土居が抽出した臨床事実に、「自分」もしくは「『自分』の意識」はどのように登場するのだろうか。土居の臨床事実で中心的なことは、「いままで『自分』がなかった」という意識が、神経症者の治療の転回点に特徴的に表れることである。土居はそれぞれかなり傾向の違う神経症者の治療例を三例呈示して、この体験が共通に現れることを示している。そして、この「『自分』がなかった」意識こそ、患者にいまや「『自分』がある」ことのしるしなのである。それに対し、いわゆる自我障害症状に苦しみ、たえず「自分」についての意識にかまけている統合失調症者は、逆説的にも実は「『自分』がない」存在である。

この臨床事実は、今日臨床に身を置く者にとってもたいへん腑に落ちるものだと思われる。この点をクリアに描き出したことこそ、実はこの論文における土居の最大の功績ではないかと私は思う。私が、難しい患者の治療の転回点で現れるさまざまな現象、そのときに治療者が出会う独特の感覚について考え、書き表そうとしたとき、土居のこの部分の記載に出くわして、自分のみているものとの本質的な共通点に驚いたものであった。

この臨床事実が暗に主張している前提は、神経症がかなり普遍的に「自分」の病理をもつ可能性である。治療の転回点で「『自分』がなかった」という気づきの体験を契機に患者の症状や苦しみが改善することは、神経症者に欲望の葛藤に起因する病理とは違った、自己そのものにまつわる病理があることを示唆している。言い換えれば、欲望やそれにまつわる情緒を主観的に自分自身のものとして体験できる機能が、たとえ神経症といえどもある意味で部分的に損なわれていて、その機能の再建が治療によって担われねばならない可能性が示唆されている。神経症者の神経症的葛藤を十分に営む能力を当然のものとして、単に解釈によって葛藤を解決しようとするだけでは、神経症者は癒されないのかもしれないのである。さらに、治療の転回点で、「自分」の意識にまつわる体験を患者が共通してもつとすれば、自己の病理が神経症において決して副次的、辺縁的なものといえないことを意味するであろう。もちろん、土居の言うように、神経症者のもつ、この「自分」のなさは、統合失調症者のものとは質が違う。その質の違いは、神経症者が治療的交流をとおして「『自分』がなかった」意識をもちこたえたのに、統合失調症者はそれができなかった、という事実に端的にあらわれている。

この、神経症者にも自己の病理がある、という視点は、当時の古典的な枠組みのなかでトレーニングを受けた土居にとっては、大変に革新的な視点であったに違いない。妄想 - 分裂ポジションと抑うつポジションの共存的揺らぎや人格の精神病部分と非 - 精神病部分との相互交流といったことをすでに知っている私たちとは事情が違う。この時点で彼のこの主張は国際的にみても革新的であったのではないか、と感じる。彼が理論的先入観に縛られず、徹底して臨床事実から発想したことがよくわかる。

さらに、臨床事実を土居が強調点を置かなかった視点からみてみよう。私が重要だと考える点がある。それは、患者が「自分」を取り戻すとき（もしくははじめて「自分」を見出すとき）、彼の手に入れる気づきが一次的には、「今まで『自分』がなかった」という、いわば過去形の欠如態の気づきであるということである。患者は決して、いま自分には「『自分』がある」ぞ、というふうに気づくのではない。ひるがえると、そもそもひとは「『自分』がある」とき、そのことをことさらに自覚することはないようである。

このことは、ひとが「自分」に出会うという体験が、まずその欠如をとおして、しかも過去における欠如をとおして生まれる可能性を示唆している。それは、過去を振りかえり、欠如について考えることのできるときにのみ、ひとは「自分」を発見できる準備を整えるのだ、と言い換えることもできるかもしれない。過去に向く視点の獲得、もっと言えば歴史的視点の獲得を前提とした、この一次的な気づきのあと、その事態が命名されて「『自分』がある」という名前で二次的に呼ばれるようになると考えられる。つまり、土居の抽出した臨床事実が物語るのは、ひとのこころが過去を眺める視点を獲得し、欠如を主観的体験として抱えておく機能が、「『自分』がある」事態の前提条件であるということなのである。

土居の「自分」との批判的対話

このような土居の提起が、現在の視点からみてもきわめて意義深いものであることを前提としたうえで、彼の「『自分』の意識」についての理解の仕方について検討してみよう。土居は、「『自分』がある」こと、「『自分』の意識をもつ」ことを構成するものが、どのような要素であるかを考察した。彼は、第一に「自己の表象をもつ」ことを、第二にその自己の表象に「甘え」(依頼心)が向けられて、「自分」を頼りにすること、という二つの要素を抜き出した。ここで土居は一時的な臨床事実である「いままで『自分』がなかった」と、「『自分』がある」という体験を等価とみて、後者を出発点として考えている。私の立場からみると、ここで土居がなまの臨床事実からいくぶん離れたのではないか、という疑問が生まれてしまう。「いままで『自分』がなかった」と気づくとき、患者は「『自分』がある」と患者が体験しているとは限らない。私の臨床の実感では、その気づきのあと、相当の治療的交流があってようやく「『自分』がある」という体験を患者は確立するように思われる。つまり、患者がそのひとらしいパーソナルな表出でもって現実世界と関わるまでには、「『自分』がなかった」という気づきを主観的体験としてもちつづけること、クライン派の言葉でいうなら、抑うつポジションのワークスルーのさなかで抑うつ的な痛みをもちこたえる営みが必要（松木　私信）だと思われる。

「『自分』がなかった」という気づきは「『自分』がある」ための必要条件に過ぎない。したがって、そのふたつの命題を同値として扱わず、「いままで『自分』がなかった」方を出発点とするほうが自然な気がする。出発点が臨床の現実から離れたせいか、土居の言う「自己の表象をもつ」という概念化にはひとつ実感が感じられない。同時にいかにも舌足らずな気もする。土居のもっていたこの時点での理論的道具の貧弱さが、ここに現れているといえるだろう。全体対象と部分対象の区別や、抑うつポジションにおける歴史性の出現といった理論を彼が知っていたなら、このような不分明な物言いにはならなかったであろう。自己表象を内界にもつという意味であれば、二歳の子供でも自分自身を指し示す単語を用いることができるし、自分と他人の区別をつけて行動することもできる。現代の乳児観察は乳児がさらに早期から自己の表象をもつことを明らかにしている。したがって、ここで問われているのは、単に自己の表象をもつかどうかではなく、自己の表象を「もつ」もちかたの問題だと考えられる。

「いままで『自分』がなかった」と患者が意識するとき、そのなかったものは自己表象そのものではない。「いままで『自分』がなかった」というように自分を内省する「自分」が、いままではいなかった、と患者は自覚している。その意味で、その「自分」は心的内容としての自己の表象そのものでない。「『自分』がある」ことは、その内容を容れておく場所の特異的性質を表現していると考えるのが適切である。つまり、今こうして考えている「自分」がいない、ということを「考えられる」、そういう別の視点を「この自分」に対して向けることのできる、自由で能動的な第三者性体験を抱える能力と、そのような視点を置くことのできる広がりのある空間が生まれていることこそ、注目されねばならない、と私は考えるのである。私の考えでは、このような場所がこころに生まれてくることと「甘え」とに本質的な連関がある、ということこそ、土居の記述する臨床事実の核心である。

土居があげた三人の神経症者は、「『自分』がなかった」と神経症者が自覚するその時点で、「甘え」の文脈のうえで、すなわち治療者との「甘え」という二者関係性を媒介として何らかの関係性のなかで、治療的転回を体験する。その治療的転回はたしかに「『自分』がなかった」意識を生んでいる。しかし、残念なことに、その転回がどのような相互交流のなかで生じたのかはこの論文中には審かではない。どの症例についても、治療者と患者の相互交流についての言及が乏しいからである。

臨床素材

自験例を通じてその転回点における相互交流を検討してみたい。その検討が、対象関係論、とくにビオンとの対話をかたちづくるだろうと思われるからである。

患者は青年期の強迫神経症である。彼は子供のころ、無口な父親に可愛がられ、いつも二人で釣りに出かけていた。母親はずっと頼りにならない愚かな人物と感じられており、父親は大学進学を家庭の事情であきらめており、患者の知的達成に暗黙のうちに期待をかけていた。思春期になって、受験生になった彼は、「勉強をして成功したら母親と性交してしまうことになる」という強迫観念に圧倒され、一年半も寝込み、私と出会うことになった。彼は私の治療に数カ月通って一応の改善をみ、大学に進学した。大学二年になって再発した彼は「もっと深いところに触れてほしい」と治療に腰を据え始めた。

約一年たったころ、彼は失恋に傷ついていた。そして、私にそそのかされて恋愛をはじめたからこうなった、と言って、その後半年以上も執拗に私を攻撃しつづけた。私はそれを身に覚えのない攻撃だと受け取り、腹を立てたが、しだいに彼の攻撃に対してへとへとに消耗し、眠気と無力感にからめとられ、「もの」になる感覚を味わうこともあった。だがやがて、彼が恋愛していたときに、私がたしかにそれを応援したい気持ちを抱いていたこと、その状況が非言語的に彼への期待をコミュニケートし、彼自身の欲望を乗っ取ってしまう父親と彼との関係との再演だったことが私に実感的に理解され始めた。この治療者の微妙な失敗が償われ、解釈されるにつれ、攻撃は弱まり、状況は膠着から脱出していった。「いままで自分の人生がなかった」という気づきが生まれ、彼が一時間中泣いたのはその直後だった。しかし、彼は実生活では引きこもり、ほとんど努力らしい努力もせず、卒業を回避していた。

そうした実生活の停滞とは裏腹に、面接のなかでは進展がみられた。治療者の微妙な失敗をきっかけに生じた、ある種の膠着感を帯びた局面をぬけるたびに、彼は変化していくように思えた。やがてそのころのセッションで、彼は「空想なのか記憶なのかわからないが」と前置きして、「ぼんやりとした薄暗がりの広い空間のなかで、どこに向かうこともなく目的も感情もなくひたすらひとりで船を漕いでいる」情景が、潜伏期から絶えず浮かんでいたことを意識した、と報告した。それは彼のありかたを理解するうえで、きわめて象徴的な空想であるように私には感じられた。その中で彼は自分の欲望を父親にのっとられることを防ぐために、あやつる櫓に象徴される男根性に何の欲望も感情も付与せず隔離していた。その後の治療の過程で、このような隔離の営みが自己を保存するための絶望的努力であることを、しだいに彼と私は理解していった。

その後、しばしば「『自分』の感情がなかった」「人間らしい気持ちがずっとなかった」と彼は語るようになった。それにつれ、彼は外界とよりリアルに関わり始め、卒業と就職を選び取ることができた。

この症例でも、患者はほとんど土居の患者と同じような物言いで、その治療の転回点において「『自分』がなかった」ことを述懐している。土居が見出したように、やはりこの神経症者にも自己の病理があったのである。興味深いことは、私の患者が一度も「甘え」そのものに言及していないことである。土居の症例のように、治療の転回点で「甘え」を自覚したことを語ることもなかった。しかし、私が彼の孤独、彼の無力感に触れることができたこと、そしてそれが背後の「甘え」に触れたことは確かであった。つまり「甘え」そのものが主観的体験として、ひとつの欲求、展望として、語られることはなかったが、土居が「甘え」の派生物として描写してきた無力感、孤独感として語られているのである。

そもそも、患者が自分の失恋を私のせいにして責めるふるまい自体、普通の人間関係で現れれば「あいつは『甘え』ている」と言われるようなものであることは論を待たない。その「甘え」はわずらわしく、わがままで、一見すると彼が私に愛着し私の愛情を求めているようには見えないほどである。土居（Doi 1989）によれば、「甘え」が他者に喜んで受け入れられることが不確かなとき、それは歪んだ「甘え」convoluted amae、わるい「甘え」の形をとる。ここでの状況はまさにそれに相当しよう。

そして、私が彼の無力感、孤独感、そしてその背後の「甘え」を真にリアルに受け取ったとき、それは素直な「甘え」primitive amae、よい「甘え」に変わったのだと言えるであろう。つまり「甘え」の性質が変化したわけである。このように、「甘え」が進んで受け取られることを期待できる環境の中で「よい」ものに変わるとすれば、そうした環境、「甘え」を容れる容れ物の機能こそ、臨床上決定的な意義をもつといえよう。このような容れ物のありさまが治療的な営みを通じて内在化されることと、こころのなかの広がりをもつ空間が生まれることとは、並行している可能性がある。この過程をどのように理解できるのであろうか。

「甘え」とコンテイニング

私はこの症例を以前論文（藤山　一九九三c）にまとめたことがある。そのとき私は治療機転をコンテイニング（**Bion 1962**）という観点から眺めた。原始的な心的機能の領域において、こころのなかでのできごとは言葉で表現できるような思考や観念によって伝達されることはない。たとえば、乳児が母親の授乳を必要とするとき、そのこころには「空腹」という心理‐対人的な体験は存在していない。血糖値低下によるきれぎれの不快な緊張がそこにある。だが、それを乳児は「自分自身の」体験であるとは体験しない。そこには、まだ主観的な心的体験になる前の体験が、誰のものでもなく存在し、具体的な力として母親を突き動かしている。つまり母親は、乳児から投げ込まれたものに同一化し、自分自身の体験としてそれを味わう。母親はその体験を思いめぐらし、その事態に空腹という名前を与え、乳児の体験に形を与え、理解しうる可能性を帯びた意味を与える、乳児の投影同一化はこうして包み込まれ、「空腹」という心理‐対人的体験が生まれる。ここで乳児ははじめて「自分が空腹なのだ」と自分の内側で体験する。このような乳児の投影同一化の過程を包み込む（コンテインする）営みがコンテイニングである。

この臨床素材では、患者の恋愛の局面で私は、投影同一化によって、彼の侵入的な父親に同一化して「なって」しまった。また、彼から執拗に攻撃される局面では、こころを持たない「もの」になって無自覚に船漕ぎする彼にも「なって」しまったのである。私がそうした体験を耐え、その体験を自分自身で思いめぐらすことのできるまで抱えることが、治療の進展には必要であった。そのことが、患者が広がりのある空想を主観的に味わうことのできる心的な空間を生むこと、そしてそのなかで「『自分』がなかった」という気づきをもてることに貢献したのである。

おそらく土居が論文中にあげた三症例においても、これに類似したコンテイニングの過程が動いていたのではないかと考えられるが、治療的やり取りが論文の中で明確になっていない。そのため、治療過程のなかで起きていたことに迫ることが困難である。だが実は、土居の三例のうち、すみ子症例（口愛的ニュアンスの強いヒステリー人格者といえよう）は土居の著作『精神療法と精神分析』（一九六一）に症例Aとして詳述されている（土居　私信）。

この患者との治療的相互作用は、その著作のなかでその書かれた内容よりもその書かれ方によく表現されている。土居はこの症例の治療過程での自らの失敗を率直に認め、「治療者は……と言うことができればよかったろう」のような記述を何度も行っている。ここには、ミクロな失敗、患者から投げ込まれ、押し込まれたものに「なって」しまいながらくりかえし立ち直る治療者土居がいる。ケースメントの『患者から学ぶ』（Casement 1985）で鍵概念として言及されている「あと知恵」に相当するような記載が、この症例記録にはおびただしく見出される。土居と同年代の日本の分析家で、このような書き方をした人を私は知らない。

症例Aの治療を具体的にみてゆくと、たとえば治療者土居は最初患者を治療に積極的に誘う。しかし、いったん患者が甘え始めると、その甘えからくるわずらわしさを十分に自覚しないままに彼女をなだめたり、治療設定を変えたりと言う行動化に走る。あるいは、彼は患者に結婚を勧めるという形で治療から突き放そうとして、彼女を危機に陥れる。こうしたことは、患者の内的対象を投げ込まれ、それに同一化することによる治療者の機能不全に他ならない。土居という人格の特質として、彼を知るものの多くがあげるのは、彼の正直さ、率直さであるが、このような失敗を彼はこの著作でも率直にふりかえっている。おそらく実際の治療の過程でもそうした失敗をふりかえり、償いながら、治療者は理解を求め、患者の「甘え」に触れていったのだと思われる。

土居は患者の内的世界を投げ込まれて同一化することによって、治療者として部分的な機能不全に陥ることが、治療過程の必然的な一部なのだ、という暗黙の、しかし透徹した直観をすでにもてていたのではないだろうか。この土居の独特の書き方は、単に彼の率直な人格の反映ではなく、そのような臨床的直観に裏打ちされたものではあるまいか。

> 治療者は……このような患者は救いがたいと感じるであろう。そして治療者がこの感情のなかに停滞する限り、治療はそこでストップし、ついには治療関係は断絶の憂き目にあうのである。……この感情は……対抗転移であると考えられる。それはまた、患者の内心に潜む無力感、絶望感の反映である……治療者が……困惑に陥らず、その背景に存する患者の気持ちに到達できれば、この危機を乗り切ることが可能になるのである（土居　一九六一、一二五頁）。

ここには治療者の体験するもの（無力感、絶望感）が、患者の自己部分であることが語られており、それとの不可避の同一化を引き受けたうえでそこから立ち直ることの治療的意義も同時に述べられている。

私の症例でも土居の症例でも，そこに起きている臨床事実は酷似している。治療の転回点で「『自分』がなかった」意識が生まれている点では，ほとんど相同といってもよいほどである。私は私の症例をビオンのコンテイニング概念に依拠して考察したが，土居はもちろん症例Aの治療過程を「甘え」概念で説明している。同一化，依存，無力感などが交錯する治療状況を語れる適切な理論的道具を彼は当時もっていなかった。そのためもあって，日常語「甘え」の多義性と喚起力に彼は期待したのである。「甘え」概念を着想する時期の土居が，こうしたビオンの仕事を知っていたならどうなったのだろう，という想像はしても詮無いことではあるが，とても興味深い。それでも彼は「甘え」理論を打ち立てたのだろうか。

土居が精神分析的概念としての「甘え」について最もまとまった記述をした論文（Doi 1989）で，彼は「甘え」から放射状に連関する概念に同一化，自己愛，アンビバレンスをあげている。そして同一化のところではオグデン（Ogden 1979）を引用して投影同一化とコンテイニングに触れている。また，ウィズダム（Wisdom 1987）は「ビオンが土居の仕事を知っていたら喜んだだろう」と書いている。ビオンは，死の本能に由来する幻想を前提とした排出から，心的変化，コミュニケーション，思索機能までも包括する概念として，投影同一化／コンテイニングを考えている。「甘え」もやはりきわめて広範な現象をカバーし，それは投影同一化／コンテイニングのカバーする現象と重なっている。すなわち，「甘え」の多義性は投影同一化の多義性と重なるのである。そして，土居は，「甘え」について仕事をする患者と治療者のカップルが必然的に投影同一化／コンテイニングという過程に関わることを暗黙に語っているともいえる。

おわりに

このように「甘え」と投影同一化／コンテイニングとが本質的に通底しているという側面をみてきた。「甘え」が歪んだものから素直なものに変形されること、それにともなって、過去形の欠如態として「自分」を眺める視点を抱えうる空間がこころに生まれるということが、コンテイニングの営み、そして抑うつポジションへの進展としてもみることができることが示されたと思う。

しかし、「甘え」概念と投影同一化／コンテイニング概念にはもちろん本質的な水準の相違が存在する。投影同一化は防衛、コミュニケーション、対象関係性の様式であり、コンテイニングはひとつの過程である。「甘え」があるところにそのような心的様式や過程が関与していることは間違いないであろうが、「甘え」自体はそうした心的現象の様式や過程を限局的に表しているわけではない。誰かが「甘えている」と私たちが言うとき、私たちは彼の対人関係のありかた、そしてそこで起きている情緒的交流の性質だけでなく、その背後にある（しばしば潜在的に）主観的なニード（もしくは願望）にもまた言及している。フェアバーンのいう対象希求（Fairbairn 1952）、土居も言及しているバリントの受身的対象愛（Balint 1965）、ウィニコットの依存（Winnicott 1960）というような子どもの側の心的内容に言及する概念が、「甘え」概念のこの側面に対応している。「甘え」はニードであり、願望であり、過程であり、現象である。それは、そうした異なる次元をもろともに包括している。

「甘え」の定義の曖昧さに対する、たとえば竹友の批判（竹友 一九八八）は確かに正当なものであろう。それに対し、土居はフロイトの「性愛」概念の曖昧さを引き合いに出して、その曖昧さの多産性を擁護した（土居 一九八八）。この反論もまた妥当である。しかし、こうした論争の背後に重要な問題が隠されている。それは、人間の心的現象の理論化が、次元や水準の違いを超えるような、ある種混沌とした鍵概念の存在に裏付けられることなしに、心的現象の豊かさ、広がりを保存した形でなしとげられうるものだろうか、という問いである。土居の「甘え」理論は土居が独自の思索のなかで構築したものであり、この大問題を考えるときの、ひとつのモデルを与えてくれている。その意味でも私は、土居の理論との対話を試みることには意義があると考える。

第七章　「甘え」理論の対象関係論的含蓄

この章は、土居を追悼する「精神分析研究」の特集号に寄稿した論文をもとにしている。「甘え」について、私が思うことを満遍なく書いてみようと思った。前章と内容に重なりがあるが、それは、前章の内容が「甘え」理論の中心に位置すると私が思う以上、やむをえないことだった。

それにしても土居のきわめて孤独な格闘を見るにつけ、精神分析というものが結局、個的なものであると教えられている気がする。私は土居に何かを教わったというより、土居のこの世界に対する対し方に学ぶことが大きかった。私は土居と資質が違うので、けっして同じようにはできないが、土居の著作を再読することはいつもその感触を呼び醒まし、私のなかの何かを鼓舞してくれた。この章はそうした、土居を読む営みの報告記録のようなものだ。

はじめに

土居健郎の「甘え」理論は彼の最大の業績であるだけでなく、日本の精神分析が世界の精神分析に提起した最大の貢献であるといえるだろう。

ここで、私は彼の「甘え」理論のもつ対象関係論的な含蓄を検討してみたい。この論考はすでに一〇年以上前から断続的に発表してきたことをまとめたものであり、そういう意味ではあまりフレッシュなものではない。しかし、精神分析という実践と理論の体系のなかで、「甘え」理論が今後どのような位置を占めるかは、精神分析のなかのさまざまな理論とどの程度対話可能であるかにかかっている。土居が亡くなったいま、「甘え」理論は創始者の手を離れて一人歩きすることを余儀なくされた。この時点で、「甘え」理論の他の理論体系との対話可能性を吟味することには意味があるだろうと思う。

土居はしばしば、「甘え」が日常語であること、それゆえに本来的に多義的であり、定義不可能性を帯びていることを強調した。土居は、フロイトが Trieb という日常語由来の概念を鍵概念として用いたように「甘え」という日常語を精神分析における理論の鍵概念とすることの意義に意識的であったようだ。しかし、そのことは対話の困難を生みやすい。鍵概念の定義の明確でない理論との対話には、原理的な困難がつきまとうからである。

この論においては、そうしたことを前提として、英国対象関係論と「甘え」理論の対話を試みたいと考える。それは、「甘え」理論が基本的に対象関係論的な含蓄をもっている部分があり、それがこの理論の独自性を形づくっているだろうと考えるからである。

「甘え」理論の成立

土居が「甘え」理論を着想し、その形を生み出したのは、一九五〇年代後半のことだと考えられる。つまり三〇代後半の時期である。それが明確に姿を現したのは、「神経質の精神病理」（一九五八）、「『自分』と『甘え』の精神病理」（一九六〇）という土居の博士論文である。その後一九六一年には、「甘え」概念を軸に精神分析的精神療法の過程を初期から終結まで縦断的に検討するというコンセプトで書かれた、『精神療法と精神分析』（一九六一）が出版された。六五年になると、五六年に精神分析のコンパクトな総説書として出版された『精神分析』（一九五六）を、「甘え」理論の観点から大幅に加筆修正して『精神分析と精神病理』（一九六五）を出版している。大まかに言って、その時点で「甘え」理論はほぼ完成したといえるだろう。

この学問的な達成にもとづいて、一九七一年に一般の読者に向けて『「甘え」の構造』が出版され、土居は専門家以外からも知られるようになっていった。一九七三年にはこの本が英訳されて出版され、さらにその後の数冊の本も翻訳されたことにより、海外でも土居の存在と「甘え」理論を知る者が増えていった。そしてついに一九八七年になって、土居は国際精神分析学会ＩＰＡのモントリオール・コングレスで「『甘え』概念とその精神分析的意義」という発表をし、いよいよ精神分析の主流のなかで彼の理論が認識されることになった。大まかに「甘え」理論の発展史を書かれたものから見渡せばこのようになる。

たとえば、ウィニコットの理論を考えるときに、彼がクラインとどのように関わり、そこから独立したかを考えないわけにはいかない。同様に、土居の理論を考えるときに、その理論構築の過程を無視することはできないだろう。「甘え」理論はどのような過程を経て成立したのだろうか。「甘え」理論に対象関係論的な含蓄を読み取りうるとするならば、その成立過程も対象関係論とつながりがあるのだろうか。つながりがないとすれば、その共通の含蓄はどのように生まれたのだろうか。こうした疑問が当然提出されるであろう。

「甘え」理論の成立の経緯を、土居自身は、『「甘え」の構造』の最初の部分「『甘え』の着想」という章で語っている。そこで彼が強調したのは、自分の一九五〇年から五二年、一九五五年から五六年の二度の米国留学における異文化体験である。海外の地で日本人として体験したさまざまな情緒的体験をもとにして、彼は「甘え」を意識するようになったという。一言で言えばそれは、彼が日本人としてふつうにふるまうと、その態度は西洋人の視点からすると、周囲の配慮や好意を受身的に期待して前提とする態度だと考えられる、という体験だった。そこに彼は「甘え」という言葉を持ち込んだのである。

しかし、そのような体験は、西洋に行って住んだ日本人はたいていしているだろう。私の勤務する大学の帰国子女のための入試の面接でもしょっちゅう耳にする。だが、西洋に行って住んだ日本人がみな「甘え」理論を作り出すわけでもない。土居はおそらく肝心のことは言っていない。

私の考えるところ、土居が精神分析に取り組んでいたことが「甘え」理論を生み出した根拠になっていることは間違いない。そうでなければ、土居の異文化体験はたんなる個人的な体験で終わっていたはずである。人間のこころの普遍に個人的な情緒的体験を通じて迫る、という営みは、フロイトによる精神分析の創始以来、精神分析のもつ根源的性質だからである。そして、精神分析に取り組むとは、結局訓練と実践である。土居の訓練体験、臨床体験が彼の個人的な異文化体験を精神分析的に練り上げ、人間のこころの普遍の真実としての「甘え」理論が生み出されたのである。

彼の精神分析家としての訓練、教育がなかなか難しい問題を孕んでいたことはよく知られている事実である。二度目の渡米で彼はサンフランシスコ・インスティテュートで訓練分析を受けた。正式にインスティテュートのキャンデイデートになったということなのか、私は審らかではない。いずれにせよ、ライダーという訓練分析家に訓練分析を受け始めた。その分析が難しいことになり、土居は相当にたいへんな状態になって訓練を中止して一年で帰国した。この中断は彼にとって大きな挫折だっただろうし、大きなものを彼に残したと思われる。しかし、彼はそれについて具体的に語ることはないままだった。おそらく「甘え」という概念の発見につながる何らかの体験を彼はもったはずである。いずれにせよ、彼はサンフランシスコ・インスティテュートで訓練分析を終結しなかったにもかかわらず、日本精神分析協会において古澤平作によって精神分析家として登録されたのである。

精神分析家としての訓練はもちろん、訓練分析だけではない。スーパービジョンもあるだろうし、セミナー、レクチュアといったより知的で理論的な教育もある。土居が学んだのは最初がメニンガー医学校、二度目がサンフランシスコ・インスティテュートである。当時のアメリカの精神分析はほぼ自我心理学と同義であった。そして精神医学は精神分析化していた。土居がトピカとサンフランシスコで学んだ精神分析理論は自我心理学であったはずである。英国対象関係論はまったく講義されていなかっただろうし、クラインの言説はきわめて批判的にしか取り上げられなかっただろう。「甘え」理論は前エディプス的な母子関係を焦点とし、性愛とは質の違う愛を要に置いている。自我心理学が神経症の本質をエディプス・コンプレックスに求め、分析可能性を神経症の病理に限定し、前エディプス的な心性については支持的な治療にゆだねるのに対し、「甘え」理論は前エディプス的な心性に焦点化し、神経症についても「甘え」という前エディプス的な愛情にその本質を求めている。「甘え」理論のこうした特徴は、土居の受けた教育とは根本的に相容れないものである。彼はなぜその大きな断裂を飛び越えることができたのだろうか。

彼が「甘え」理論に向けて思索し、自らの内なる精神分析を「甘え」という視点から書き換えようとしていた一九五〇年代は、英国対象関係論にとって大きな実りがもたらされつつあった時期でもある。一九二〇年代末にクラインン、一九三〇年代末にアンナ・フロイトが英国に上陸した後の大論争の時代を経て、ようやく英国で訓練を受けた世代がオリジナルなアイデアを語り始めていた。一九五〇年に「移行対象と移行現象」を出したウィニコットがその代表格であろうし、ビオンもその後『再考』に収載される臨床論文を発表し続けていた。そうした動きと同時代に土居は孤立的に考えていたわけである。

土居は当時ウィニコットをわずかには読んではいたが、そのおもしろさ、大きさがわかったのはだいぶあとになってからだったと私に語った。ビオンについては、晩年の九〇年代に精読していたが、いずれにせよ理論形成の途上にはそのふたりを参照することはなかったと考えられる。一方、彼はバリントを一九五九年にはじめて読み、自分と同じ発想をする精神分析家がいることをはじめて知った、と後年語っている。五九年といえば、「甘え」理論の基本的着想はすでにできあがっていた。

こうしてみると、土居は、自分の教えられた理論と本質的に異なった理論を独力で成立させたということになるだろう。彼は理論的なジャンプをしたのである。そのようなことがたやすいことではないことは言うまでもない。彼がその方向に突き進んだのは、彼が日本に帰ってからの臨床経験が、「甘え」という概念のもつ意義を指し示したからであるのはもちろんである。土居の博士論文になった二つの論文、「神経質の精神病理」（一九五八）、「『自分』と『甘え』の精神病理」（一九六〇）に提示されたケースや、当時の一〇例ほどのケースをもとに編まれた『精神療法と精神分析』（一九六一）を読むと、その必然性はよく理解できると思う。

しかし、同じようなケースを見ていた他の日本の分析的臨床家がジャンプできたわけではない。彼になぜそのジャンプができたのかを考えると、彼の思春期から青年期までの宗教遍歴に思い至る。何がほんものの信仰なのかをめぐって、幼少期に親しんだプロテスタントの信仰を離れ、壮絶な苦悩と遍歴の後でカソリック教会にたどり着いた過程（土居　一九九二）を私は思うのである。その過程のなかで培われた、納得のいかないということにきわめて意識的であり、納得のいくまで徹底的に真実を追い求めるという姿勢のもとに、土居は、臨床体験と訓練体験と個人的体験を精神分析的に練り上げて、「甘え」理論を生み出したのであろう。

「甘え」理論の骨格

土居は英国対象関係論の思索とは独立して、ほぼ同時期に自分の理論、「甘え」理論を確立した。私の論点は、その出自の独立性にもかかわらず、「甘え」理論が英国対象関係論とのあいだで共有するアイデアを明らかにしたいということである。その前提として、「甘え」理論とはどのような理論か、土居（一九八九）の述べたことを要約してその骨格を簡単に述べてみよう。「甘え」とは「愛されたい欲求」であり、愛されたり、関心をもたれたりすることを当然のように前提とする心性である。それは基本的に母子関係に端を発している。相手がそのことを感知していれば、静かにごく潜在的にしかそこには現れないが、それを感知して応える相手がいなければ、その欲求はさまざまなあり方で顕在化する。前者を「素直な『甘え』」、後者を「歪んだ『甘え』」と土居は呼び、後者は、たとえば、いじけ、すね、ふてくされ、かみつき、かんぐり、ねたみ、などといった、種々のかまびすしく厄介な心性となって現れると考えた。

さらに、「甘え」は主体性や自己の感覚ともつながりがある。個人は十分に「甘え」を自覚し、「甘え」の満たされなさをもちこたえることを通じて、「自分」の意識という成熟した体験に自覚的に出会う。そして神経症においては、この「自分」というものが十分に確立されていない。つまり、神経症は、単に欲望の葛藤をめぐる病理ではなく、「甘え」の無自覚と不満へのもちこたえられなさにもとづく自己の病理を含んでおり、治療的にもそこの部分の扱いこそ、神経症の治癒の根幹にかかわってくるものなのである。また、子どもが親に甘えるのは当然であるが、親も子どもに甘えるものであるし、教師が生徒に甘えることもよくある。そこには上下のハイアラーキーは前提とされていない。

「甘え」は西洋的な愛とは違って、言語化されないことが自然であり、言語化されたとたんに別のもの、たとえば媚びやおもねりや迎合に変身する。「甘え」は本来的に言語的に表現されず、ほぼ前意識的にしか体験されていない。「甘え」は静かな愛であり、願いであり、関係性なのである。

「甘え」はしばしば日本的心性の表現だと誤解されがちである。だが、土居の主張は「甘え」が日本的心性の表現ではなく、普遍的な人間の原初的心性の本質を切り取った概念であるということであった。土居は、西洋の言語には端的にこの概念を表現する単語がなかったために、西欧人はそうした心理を認識から排除しがちであったのだと考えた。そのため、フロイト、あるいはその後の精神分析が作り出した、ナルシシズム、同一化、潜伏性同性愛、ペニス羨望と去勢不安を含む女性性の拒否、アタッチメントといった概念は、「甘え」という概念によってより明快に定義づけられ、「甘え」によってそれらのあいだの関連性を語ることができる、と土居は考えたのである。「甘え」を土居は官能的でない愛情であり、ある種の本能であり、ある種の関係性であり、ある種の感情であり、ある種の振舞いであるようなものとして語っている。それは動機づけ、思考、感情、関係といった心的現象のさまざまな領域にまたがった概念であり、定義することが難しい。私たちは「甘え」という言葉をごく日常的に用いているし、難しい言葉だとまったく思っていないが、それゆえにこそ定義不能なのである。このことは学術用語としての致命的欠陥のように思えるが、土居は逆に、その多義性、定義不能性に、この概念の多産性の根拠を見た。それはフロイトのTrieb（欲動）という語が日常語であって、巨大な多産性をもったことになぞらえられる。

「甘え」理論と対象関係論の対話

いずれにせよ、「甘え」理論はこころの前エディプス的な領域に焦点を置き、母子関係、二者関係的な世界を強調しているという意味で、対象関係論の発想に近いものをもっている。ただ、英国対象関係論はクラインの言説をめぐる対話や論争のなかで形になったものであり、ほとんどクラインに言及しなかった土居の理論は、その意味で英国対象関係論とはまったく独立の起源をもつ。この面でも土居の位置はきわめて孤立的なものである。生の本能と死の本能に起源のある無意識的空想というところから出発するクラインの考えかたは、土居の視野に入っていなかった。

このことは、土居にはウィニコットにとってのクライン、ビオンにとってのクライン、バリントにとってのフェレンツィのような存在はいなかったということである。土居は精神分析における、生きて自分の前にいる父親が存在しなかった。土居にとっての古澤は、小此木にとっての古澤ではなかった。そして、父親と出会える最良の機会になるはずの訓練分析体験も彼は十分に経験することができなかった。このことが、おそらく彼が「フロイトと、天使と格闘するヤコブのように格闘した」（一九六五）と言う理由なのであろう。彼は創始者フロイト以外、語り合う相手をもたなかった側面があるのだろう。そうした意味で、土居はフロイトの著作にある、欲動論的でない側面を発見することが上手であった。それはある意味、フロイトの対象関係論的な側面をピックアップすることだといえるだろう。彼はドラのケースやハンスのケースに患者の「甘え」を見いだすのである。

そうした意味で土居はほとんど孤立的に対象関係論的転回を果たしたといえる。ここではそうした土居の思索を、対象関係論者のそれと対話させることを試みる。

1　バリント

土居がその理論の大枠をほぼ形にしたまさにその頃、一九五九年に彼は国際基督教大学の図書館でバリントの著書〝Primary Love and Psycho-analytic Technique（一次愛と精神分析技法）〟（Balint 1952）をその題名に惹かれて手に取り、一読して直ちに、自分ときわめて近い考え方をする分析家の存在を認識した。その後土居はその認識を保持し続けた。彼は英語の論文ができるたびにバリントに送り、そのコメントを受け取り、バリントの論文を送られてコメントする、といった文通を続けることになった。バリントも最後の理論的著作、〝The Basic Fault（基底欠損）〟（Balint 1968）において土居の仕事を引用して、自身の発想との類似を確認している。

バリントの一次愛概念は、彼の師、フェレンツィの生み出した概念である「受身的対象愛」の発展である。土居が読んだ『一次愛と精神分析技法』においては、バリントはその後の理論展開とくに「基底欠損」において明確になる「一次愛」概念には到達しておらず、「受身的対象愛」概念の直接の発展形である「一次対象愛」が扱われている。一次愛は、バリント理論の完成形（Balint 1968）においては、自己と対象、乳児と母親の区別がつく前、一次対象が認識されていない段階での「調和的混交 harmonious mixed-up」、「原始的融合状態」で特徴づけられている。バリントは、一次的対象愛をその後オクノフィリアという呼び名で再定義し、フィロバティズムと対比させ、原初的融合状態としての一次愛の後に来るものだと考えるようになったのだと考えられる。

いずれにせよ、土居を感動させた一九五二年の書物において語られていたのは「一次対象愛」であり、受身的で非性器的な、官能的でない、それでいて対象に向かう愛である。それは「甘え」という言葉に含まれるひとつの側面にきわめて類似している。もちろん、日本語の「甘え」はひとつの愛情のタイプの名称ではなく、「あの子は甘えている」というように、ある種の振舞いをも指すものでもあるが、土居は「甘え」を語るときに、それが一種の愛であるという側面を強調している。

バリントは西欧の言語が能動愛と受身愛とを区別できないことに早くから気づいており、受身的な愛情というものが西欧の言語によっては表現できない、すなわち、受身的対象愛というものを一言で語ることが西欧語にできないことを一九三五年の段階で語っている。バリントの一九六八年の土居への言及もこの文脈でなされたものである。土居が「甘える」という動詞が能動形でありながら、受身的愛情を語っていることにバリントに送った一九六二年の英語論文で明確に触れていたからである。しかし、重要なことは土居がこの問題をさらに一歩進んで熟考したという事実である。

土居が問うたのは、「甘え」がそもそも言語的に伝達できるのか、という問題であった。西洋人にはこの問題を立てること自体、原理的に困難である。バリントも言うように受身的愛情、「甘え」を端的に表現する言葉がないからである。この上にさらに土居は、私はあなたに甘えている、と主体が語ったとき、その主体はほんとうに甘えているのだろうか、という問いを投げかけたのである。おそらく、ほんとうに甘えているときに人はそのようなことは言わない。自分が他者に甘えていることを口に出すときには、そこにおもねりがあることが多く、それは結局甘えることができていないことを示すものである。

このことは、「甘え」が言語化されているときには、「甘え」の欠如がそこにあるということを意味する。人は自分が甘えていた、という形でしか「甘え」を言語化できない。つまり「甘え」は欠如として、もしくは事後的にしか言語化できないのである。精神分析的な治療が言葉を介して行われることを考えると、このことは絶えず着目しておくべき逆説であるし、「甘え」というものの本質の一端を示している。

2　ビオン

土居が明示的に自らの考え方との類似や共通点、相互の影響に言及したのは、バリントの仕事に対してだけである。晩年の土居はビオンの著作に親しみ、ビオンの友人の哲学者ウォルハイムと親しく文通していたこともあって、ビオンへの関心は高く、尊敬の念を隠さなかった。しかし、「甘え」理論の形成期、ビオンもまさに自分の理論の形成途上であり、土居がビオンを参照することは全くなかった。だが、私は彼らにある種の共通したものを感じる。

土居が患者に対して長々しい解釈をしない治療者であったことは間違いない。患者の無意識の空想や不安や防衛に事細かく言及して解釈するというようなことをすることはなかったのではないか。彼のスーパービジョンを長く受けた私は、そうしたものに全体的に触れる長い解釈をしようとすると、「野暮」だとか、「身も蓋もない」とか、「患者の立つ瀬がない」とか言って批判されたものだった。彼は鋭い直観で患者の病理の核心部を一気に把握してしまう感じの治療者だと私は思うが、そうした理解をごく部分的にしか患者に対して言葉にしないことを旨としているようでもあった。

土居の臨床的な態度の本質を最も表現している著書、『精神分析と精神療法』はそうした意味できわめて興味深い。この著書には、三〇代であった彼が治療に当たった一〇例ほどのケースが、治療の初期から終結期までの各期にわたって記述されている。なかでも最も主要なケースがAとして登場する、口愛的なヒステリーのケースであり、治療の全局面がこの著書に記されている。

土居は彼女を積極的に治療に誘う。しかし、一旦彼女が噛みつくような「甘え」を呈し始めると、その「甘え」からわずらわしさを十分に自覚しないまま、彼女をなだめたり、治療設定を変えたり、あるいは、彼は患者に結婚を勧めるという形で彼女を突き放したりという行動化に走る。この経過中、この著作にはいたるところに、治療者は「……と言うことができればよかっただろう」という形の記述が頻出する。彼は解釈できていない。失敗を繰り返している。しかし治療は確実に進展する。

この著作の「解釈の仕方」という章にこの患者のターニングポイントの局面が描かれている。

……治療者の立場からすれば、食いつかれるだけでも結構芯がつかれるのであるから、その上しがみつかれるのではとてもではなかったわけである。しかし今度は治療者はじっと辛抱して、何とかして患者がこの依存的な姿勢から脱する法がないものかと、思案にくれたのである。

このような状態が何ヶ月か続いた後、患者がある日、「先生に甘えていたが、実はその裏に警戒心が働いていたことがわかった」と述べるに至った。（一五二頁）

この患者の治療における最大のターニングポイントの記述がこれである。これが「解釈の仕方」という章に提出されていることにも驚く。ここには何の解釈もなく、ただ「思案にくれ」てもちこたえる治療者の姿しかないのである。土居はこのような治療の絶望的な局面についてこの著作で次のようにも書いている。

治療者は……このような患者は救い難いと感じるであろう……この感情に停滞する限り……ついには治療関係は断絶の憂き目にあうのである。……この感情は……対抗転移と考えられる。それはまた、患者の内心にひそむ無力感、絶望感の反映である。治療者が……その背後に存する患者の気持ちに到達できれば、この危機をのりきることが可能になるのである。（一二五頁）

この記述は、治療者が患者の体験を投げ込まれて同一化し、自らの体験として体験し、それを通じて患者のこころに触れることによって変化の過程が起きる、ということであり、ビオンのコンテイニングのアイデアが表現されている。臨床事実の正直な記述によって、土居の実践が土居の理論を超えていたということ、すなわち精神療法の普遍的な治療機序であるコンテイニングを彼が自覚しないままに体験していたことが浮き彫りになっているのである。

実際この患者はその転回点を越えたときに、「自分にはいままで『自分』がなかった」ということを言い始めている。自分の体験にただ飲み込まれるだけでなく、それについて知り、考えることが可能になっているのである。コンテイニングをへて、抑うつポジションの心性が生まれる結果、「考える」能力が生まれる局面が生き生きと描き出されているのである。

こうした治療の姿勢には、その後の土居とのパーソナルなコミュニケーションで耳にした、「ハラハラドキドキ」

することがなければものは動かない、とか、精神療法は「出たとこ勝負」だ、とか、患者が治るときはたいてい「怪我の功名」だ、とかいう発言と共通したものがある。そこにあるのは、生きている、という印象だし、「知らないこと」に開かれ、それをもちこたえ、楽しむことさえできる治療者、「負の能力」の高い治療者としての土居の姿である。

3　ウィニコット

バリントとウィニコットの理論には共通点が多い。とくに後期のバリントが原初の融合状態を強調するようになってからは、ウィニコットの母親 - 乳児ユニットという概念との近似がより際立ってくる。その点は、土居の理論も同様であり、どちらも母親の存在を前提とした「静かな乳児」を描き出していることでは共通していると言えよう。クラインの描く乳児が、激しく狂おしい乳児から出発していることとは対照的である。

だがもちろん、違いもある。ウィニコットは、母親 - 乳児ユニットの内部に愛を見なかった。そこには、ニーズがかなえられているがゆえの「誰もいない」という錯覚があり、そうした錯覚によって乳児は「孤立」しているのであり、愛情というような主体的な体験は存在していないとウィニコットは考えていた。原初的融合状態を一次愛の究極的な形であると考えるバリントとはそこが違っているといえるだろう。

土居も「甘え」を一種の愛であると考えるのだが、「甘え」には逆説がある。「甘え」がふたりのあいだに機能しているときには、「甘え」が主体的に体験されないのであり、「甘え」を自覚するのは個人が甘えられていないときである。したがって、「甘え」が母子のあいだを満たすとき、それは愛であるにしても沈黙の愛、不可視の愛である。それは外側の観察者からは観察され、想定される愛であるかもしれないが、乳児自身はちっとも甘えているとは自覚していない。

そのような意味で土居の理論はウィニコットの理論と接点をもつことになるのである。ウィニコットが「孤立」として記述した、静かで満ち足りて生きているありかたは、土居の「素直な『甘え』」に相当することになるのだが、小児科医であったウィニコットがやはり乳児というものを発想の基点としているのに対し、土居の頭にあった「素直な『甘え』」のイメージは大人の前で恥ずかしげにもじもじしている幼児のそれであったようである。その幼児はたしかに「甘え」を自覚したり、何かを要求したりはしてはいないが、なんらかの情緒を体験している。それは、はにかみの情緒と言えるだろう。それは自分が何かを求めているということを知られることを恥ずかしがること、愛にまつわるこころの秘密についての気づきにともなう情緒だと思われる。

ウィニコットは、人間性の本質にこの孤立が横たわっていると考えていた。人間とは「永久に知られることも見いだされることもない孤立体である」側面があることに気づいていた。このことは、土居が臨床実践の際に絶えず「秘密」という側面を考えにいれようとしたこととつながっているように思われる。ウィニコットが誰からも見いだされない側面にこそ生きている感覚が裏打ちされていると考えたように、もうすこし発達したこころが頭にあった土居は、秘密という側面が保存されることがこころがパーソナルに生きている感覚を体験することを主張したのである。もじもじしている幼児は、なんでもじもじしているかを尋ねることなく、彼の「甘え」を受け取るような大人を必要としているのである。

自分自身からも、そして他者からも主体的に体験されることなく、知られることのない世界、自分からも他者からも秘密である心的領域に、心的に生きていることの根拠を見るという意味において、土居とウィニコットはきわめて近しいところにいる分析家だと言えるだろう。

おわりに

「甘え」理論と対象関係論の対話という主題は、おそらく一冊の本を必要とする大きな主題である。実はこの論文では、土居と同じような孤立性のなかで独自の理論を生み出し、乳児の対象希求に同じように触れたフェアバーンに言及できなかった。私にはもっと全体的な展望から詳細にこの主題を検討したいというかすかな希望がある。ここで書いたことは、そのほんのさわりに過ぎない。だがそれでも、形にしてみることには意味があったと考えたいと思う。

第八章　「見るなの禁止」とは何か

日本からオリジナルな精神分析的思考を発信することは、とても難しい。言葉の壁はこの領域では致命的に高い。北山はそれを越え、オリジナルな概念を生み出し発信することに成功している数少ない日本の精神分析家のひとりである。そして北山は私にとって、長年「日本語臨床研究会」や「対象関係論勉強会」でさまざまな刺激を与えていただいた先輩でもある。

だが、私が北山の概念をここで取り上げる理由はそれだけではない。北山の「見るなの禁止」という概念は魅力的であり、本質を貫く力をもつ多産性を帯びた概念であると思うからである。ただ、私はいつも微妙に、この概念と既存の理論とのあいだにひっかかりやギャップを感じてきた。それを探究することは私の知的関心から必然的に生まれた活動だった。その結果として、この概念のオリジナルさが明確に形になってくるはずだと思う。

いずれにせよ、精神分析的概念は対話のなかに置かれねばならない。この重要な概念をめぐる対話が豊かになることを願ってやまない。

はじめに

北山修の「見るなの禁止」は、土居健郎の「甘え」と並んで、日本から発信された数少ない精神分析へのオリジナルな貢献のひとつといえるだろう。

私がこのアイデアに最初に触れたのは、『悲劇の発生論』の初版（北山　一九八二）を読んだときである。それ以来、私はこの概念に絶えず微妙なひっかかりを感じてきた。この小論で試みたいのは、そのひっかかりに形を与え、そのひっかかりを媒介に北山の理論と既存の精神分析理論のつなぎ目を探求してみることである。

「見るなの禁止」はすでに岩崎学術出版社の『精神分析事典』にも項目として採用されている、かなりの程度に公共化された精神分析的概念であり、日本の精神分析的思索の生み出した大きな成果である。だが、それにもかかわらず、たとえば土居の「甘え」が日本精神分析学会のシンポジウムの主題になったのに対して、この概念を主題にした討論が日本の精神分析コミュニティや心理臨床コミュニティのなかで公式に交わされたことは少ない気がする。私はこの機会に、北山のアイデアの精神分析的理論としての位置づけと含蓄を明確化することを目指してみたい。

1　「見るなの禁止」――北山の記述

「見るなの禁止」は一九八〇年代はじめに北山によって、「イザナキ・イザナミ神話」や「鶴女房」「蛙女房」「浦島乙姫説話」などの異類婚姻説話を分析することを通して着想され、その後二〇年以上にわたって練り上げられてきた概念である。北山は二〇〇二年の『精神分析事典』の「見るなの禁止」の項（小此木ら編 二〇〇二）を自ら執筆し、以下のようにまとめている。

二者関係における悲劇的展開に決定的な役割を果たす禁止であり（中略）、幻滅を防衛するものとして臨床的に論じられた。（中略）妻には豊かな生産性と、正体を隠そうとする禁止があり、夫や家族のために貴重な何かを生産する間は彼女本来の姿に戻るため、夫に「見るなの禁止」に従うように要求する。夫は約束しながらその禁止を破り、妻の傷ついた自己や死体、あるいは正体を暴いてしまい、二人は別れることになる。女性主人公は母親的に描かれており、隠された傷つきや死は、子どものような主人公の貪欲な要求に応じる献身の結果と解釈できる。まさに子どもが成長するに従い母子の幻想的一体関係が崩れて、母親に対する幻滅が生起する過程であり、禁止は、母親の矛盾する二面性に直面することから生じる葛藤や罪悪感、および母親との分離意識を経験することを防衛している。（四五四頁）

この記述では母子関係の文脈と男女関係／夫婦関係の文脈がないまぜになっている。このことからわかるように、北山には夫婦関係を語ることが実は母子（母息子）関係を語ることである、という暗黙の前提があるようだ。そして基本的には、この「見るなの禁止」が背景にしているコンプレックスとは、母子関係、とくに早期母子関係を語るものであると北山は考えて論を展開していると言えるだろう。

誰が禁止するのか

1　本質的な逆説

まず最初に取り上げたいのは、「見るなの禁止」とは誰が行なう禁止なのか、という論点である。若いとき『悲劇の発生論』を読んで以来、ずっと私が折にふれてはひっかかってきた論点である。物語のなかでは、イザナミがイザナキに、つうが与ひょうに、乙姫が主人公に禁止を言い渡す。この話が北山の強調するように母子関係のメタファーであり、フロイトが参照したエディプスの物語のような人間のこころに内在する普遍的な物語であるとするなら、この禁止は子どもに対して母親がする禁止であるということになるだろう。この禁止によって、子ども／男性は、母親／女性の身体性、その生々しさから隔てられる。

このように「見るなの禁止」は、エディプス・コンプレックスの場合に父親が去勢の脅かしをもって行なう近親姦の禁止と同じように、両親の世代からやってくる禁止なのである。エディプス・コンプレックスにおいて、子どもは現実に去勢の威嚇をする父親を持つ必要はない。精神分析は、エディプス・コンプレックスはたとえ父親を持たない子どもであっても体験する、人間の基礎的な体験生成の準拠枠であると考えている。去勢の威嚇をする父親は子どもの内的世界での父親であり、人類に内在する普遍的な空想体験のなかでの父親である。では、「見るなの禁止」もそれと同様、乳児は空想のなかで「内的な母親」、子どもの空想体験のなかの母親によって「見るなの禁止」を受けていると考えていいのであろうか。

このことを考えるときに、エディプス・コンプレックスの世界と「見るなの禁止」の世界との心的水準の違いに意識的になることが必要であろう。エディプス・コンプレックスは基本的にパーソナルな欲望や情緒をもった主体的人間の世界でのパーソナルな葛藤をめぐる事態である。ところが、「見るなの禁止」の場合、それを破って失われるものが北山の言うように「幻想的一体感」であるとするなら、そこで扱われている世界は万能的母親と乳児の世界だろう、ということになる。

こう考えると、そもそも幻想的一体感のなかでの母親、つまりウィニコットの言う意味での「環境としての母親」（Winnicott 1975）に、エディプス的な禁止の場合の父のような禁止する主体を見出すことが可能なのだろうか、という疑問が湧き出してくる。環境としての母親は文字どおり環境であり、主体的な意思をもたない。それはパーソンではない。乳児と一体になって、心理的な空間を供給しているに過ぎない。そのような主体でない「環境としての母親」によって「禁止」は原理的に生成されえない。

内的で生成論的な概念として「見るなの禁止」を考えるとすれば、その禁止はまさにその禁止が実行されている（「見る」ことが抑止され、引き延ばされている）まさにそのときには、禁止する主体というものをもちえないはずの禁止なのである。ここには本質的に逆説的な事態が存在する。この逆説もしくは矛盾はどのように解決されうるのだろうか。

2　第一の可能性

まず、ひとつの可能性として考えられるのは、おそらく乳児にとって、この母親からの禁止は後になって事後的に再構成されるものだろうということである。その禁止が作動しているときには名前がつかなかったものを、子どもは後から名前をつけて、「母からの禁止」としてパーソナライズする、という可能性である。

この状況で見てはならないものは、北山によれば、母親の性的生産的な身体である。母親は自分の性的生産的な身体が乳児に対してもつ外傷性に気づいている。ウィニコットは、母子関係のなかで自分、もしくは存在 being が十分にかたちづくられていない限り、性愛が「雷鳴のように」外的で圧倒的なものであり、存在の連続性の感覚を粉砕しかねないと述べた（Winnicott 1975）。そうなってしまえば、乳児は狂気を体験するか、極度に生きる体験のレンジを狭めること（偽りの自己を作動させること）に追い込まれてしまうだろう。性的身体が早期母子関係の空間に登場することは注意深く避けられなければならない。それは母親によってはからわれなければならないことなのである。重要なことは、ウィニコットにとって、乳児はこうしたはからいを基本的には知らないままそこにいるということである。

このことはウィニコットが移行現象について、「移行対象が外部から発見されたのか、内部で創造されたのか、それは誰も問わないことになっている」といったこととつながっている。乳児が「生きること」そのものを構成するパラドクスを維持するはからいは本来的に感知されないものであり、それは、そういうことになっているからそうなのだ、という性質をもつ、あらかじめ決まった「きまりごと」なのである。移行現象を抱えるはからいと同様に、母親の性愛的身体と乳児との遭遇を引き延ばしするはからいは乳児にとって不可視のものであり、認識することはできない。おそらく、北山が「禁止」という表現で語ったものは、そうした「きまりごと」が事後的に人格化されたものだと思われる。

つまり、それが「禁止」という主体による行為として立ち現れるのは、乳児が過去を振り返ることができるようになった後、ものごころがついた後なのである。ものごころがついて、自分自身の性的欲望に気づき、欲望の主体としての自分自身を意識してから、世界に主体としての他者を見出した後、このきまりごとが何者かによる「禁止」として体験される。「ものごころついた」「欲望の主体としての」子どもによって、禁止として事後的に構成された結果、早期の事態がどうしても性愛的な陰翳を帯びてしまい、夫婦関係や男女関係の説話として構築されることを招くのであろう。

そもそもウィニコットの理論（Winnicott 1975）は、母親 - 乳児の心理的マトリックスのなかに焦点づけられている。そのなかには本来主体的な願望や感情や思考は存在していない。母親も環境としての母親としてそのなかにおり、ひとりの個人としての欲望や感情や思考は、そのユニットの外に「対象としての母親」という名前で存在している。彼が、教育されて頭のよいもののわかった母親がこの複雑な状況をうまくこなすのではなく、そういうものをもたない「ふつうの」母親こそがそれを上手に行なっていくことを、何度も何度もいろいろなところで強調したことはよく知られている。母親は乳児とのあいだにあるこの事態を特に意識的でなく、ふつうにこなしていける。こうしたありの出発点となる機能を「原初の母親的没頭」としてウィニコットは抽出したが、彼は母親がそのような状態に入ることの源を生物学的なものに求めているようである。ヒトの生物学性という、「こころ」にとっては超越であるもの、こころが語りえないものが、ここに持ち込まれているのである。こころにとって超越的なものはこころには語りえない。それをこころがどのように体験しているかをあえて語ろうとすると、「語りえないもの」の常として、どうしてもある種の逆説に頼るしかない部分が出てくる。

しばしばウィニコットはコフートと似ている、と言われる。だが私はあまりそう感じない。私の考えでは、ウィニコットがこうした、「語りえない超越としての生物学性」を基礎としてすべての理論を構築する、という精神分析思索の本質的特徴を維持するのに対し、コフートは両親と子どもの対人関係的側面にもっぱら注目しているように見える。コフートの思考はその意味で精神分析的思考としての根拠を失いかけている。ウィニコットの功績は私の考えでは「二者関係の心理学」では決してない。そのように考えることはウィニコットの言説を矮小化してしまう。彼は、まだエディプス・コンプレックスの原理が明確に形を現しがたい母子の一体性の世界においてさえ、「超越的な実体」としての生物学、生物としてのヒト／環境としての母親が生み出す心的環境が、主体性や主観性をまだ萌芽的にしか帯びていない乳児の心的体験にその枠組みを与えていることに明確に触れたのである。その体験の枠組みは、クラインの考えるように乳児のこころのなかのもの、無意識的空想に基礎を置くのではなく、ふたりのあいだに誰のものでもなく姿を現す超越的な環境として存在している。

「見るなの禁止」とは、そうした乳児と母親をそのふたりの主体的意思や欲望を超えたところで抱える生物学性が果たす機能を事後的に人格化し、名前を与えたものであると見なせるだろう。「見るなの禁止」は、多くの含蓄に富む精神分析的概念がそうであるように、こころにとって原理的に語りえないものを語れる形にしたものである。北山はウィニコットが語れていないものに形を与えたのだと言えるだろう。

3　第二の可能性

さて、この逆説を解消するもうひとつの可能性は、この子どもがすでに部分的にせよ性的な欲望をもっているという可能性である。その場合、ここで北山が語っている事態は母子関係のものではなく、性愛的な世界でのものであるということになる。性愛的な世界においても恋人たちが瞬間瞬間退行して、万能的で原初的な、あたかも母子関係を思わせる関係性がそこに現出することはよく観察されるだろう。とはいえ、その関係の様態はともかく、そこにある本質は性愛的なものである。この観点から見ると、「見るなの禁止」とはすでに性愛的欲望を自分のものにした子ども／男性とそこから遠ざけようとする母親／女性とのあいだに起きているものである。この文脈では「禁止」は母親の側からまさに行なわれている。つまり、そこではエディプス的欲望とそれに対する禁止として、たとえば、父親（夫）の態度にそって子どもに接する母親による禁止という文脈でこの事態を読めるかもしれない。この見方では、「見るなの禁止」はエディプス・コンプレックスの去勢の威嚇の延長という位置を占めることになる。つまりこの観点からみたとき、「見るなの禁止」はエディプス・コンプレックスの一部である。

たしかにエディプス・コンプレックスという観点から言えば、母親の性愛性との遭遇をぎりぎりまでに引き延ばし、存在論的な不安に直面させることなく、性的な欲望を主体的に扱えるところにきてはじめて、性愛的な母親が出現することが、もっとも適切な進展を生むのであろう。人間がエディプス・コンプレックスというものを準拠枠にして人間的な意味の世界をかたちづくっていく、という精神分析の基本的な観点からみると、「近親姦の禁止」と「見るなの禁止」はそうした達成を可能にするものとして、ひとつのもののふたつの側面である可能性もある。

これら二つの相反する見解をめぐる議論、すなわち、事後的に環境としての母親のはからいが禁止と名づけられたものなのか、エディプス的欲望のひきのばしとしての禁止なのか、という議論に決着をつけることは私たちにはできない。子どもが自分の性的欲望や性的身体、ひいては母親の性的身体の背後に主体をどの程度見ているのかは、結局立証する手段がないからである。それは、乳児がどの程度ものごころがついているのか、ということを知るすべがないことに帰着する。私たちは、このふたつの見解のあいだを揺れながら、臨床事実を組織化していくしかないのであろう。

そして北山の「見るなの禁止」概念が精神分析概念として、決着のつかない多義性を帯びていることは忘れてはならない。この概念を用いるときには、その多義性が踏まえられる必要がある。

幻滅と幻滅以前

「見るなの禁止」を発想させた異類婚姻説話を母子関係のメタファーとしてみるときに、もうひとつの論点として取り上げたいのは、幻滅という論点である。北山は最近の著書『幻滅論』において、三つの幻滅を区別している。エディプス的な幻滅である幻滅3、外的対象の現実の不在によって生み出される幻滅2、同じ対象のよい部分と悪い部分が同一平面で体験されるときに体験する幻滅1の三種類である。私の読む限り、一連の異類婚姻説話における幻滅、すなわち「見るなの禁止」を破って生じる幻滅はこの幻滅1の部分が大きいと北山は考えているように思える。母親のなかの母性的で環境供給的で乳児のニーズに適応する側面と母親自身の性的身体や欲望や傷つきの側面とを、同一平面で乳児が体験するときの幻滅である。

だが、鶴女房の夫はほんとうに幻滅しているのだろうか。彼は鶴が戻ってくるのを願っているようなふしがある。彼が覗いたものは血まみれの機織りの営みであり、それはおそらく分娩であり、月経をあらわしている。彼はそれを見たにもかかわらず、妻への思慕を失っているようにみえない。きっと、遠くの空に飛び立つ鶴を彼はずっと眺めていたのではないだろうか。

それに対して、蛤女房に対する夫は激しく怒って、妻を追放する。蛤女房は排泄物で食事を作り、調味していた。そのことを知った夫は、性よりもさらに生存と結びついた食、身体に深く侵入するおぞましさに対して耐え難くなって怒るのである。鶴女房の場合とは本質的に違ったことが起きている。

これらの説話が語っているものは、性愛性を帯びた女性の身体の出現そのものが幻滅をもたらしているわけではない、ということのようである。鶴女房の夫はほんとうには幻滅せず、彼女に相変わらず恋しているようだ。蛤女房の夫は事実としては明確に幻滅したと言える。しかし、そこで体験されたのは心的でパーソナルなものではなく、もっと具体的な深部のおぞましさであろう。それは幻滅以前の体験かもしれない。おそらく、蛤女房の夫はものすごい吐気を体験したのではないだろうか。あるいは彼が食べたものを胃の中から逆流させて吐き出したかもしれない。吐気とは自己のなかに身体的物理的具象的に混じりこんだ不快なものを暴力的に自己から切り離そうとする努力である。しかしそれは、すでに自己になってしまったものを切り離すことでもあるから切り離すことは難しく、自己の存在に対する激しい暴力をともなわざるをえない。そこには「幻滅」という言葉のもつ甘美さ、もしくは抑うつの情緒がない。

北山は幻滅をそこに含みこまれた対象関係によって三つに分類したのだが、私はそうした分類の軸とは別に、体験の質という観点から考えてみようとしているのである。考えてみると、幻滅とは逆説的なものである。真に幻滅したとき、それは幻滅とは言えないような具体的で暴力的なものに一気に変質する。幻滅の甘美さは逆説的ではあるがある意味で、与ひょうの示す未練に満ちた態度、もしくは不徹底な幻滅のなかにこそあるのである。

そうした具体的で暴力的な「幻滅以前」が典型的に描かれているのが、北山も参照しているイザナキ・イザナミ神話である。イザナキはイザナミの死体のありさまそのものにおののき、ほうほうの態で逃げ惑う。そのようなとき、イザナミの死因が分娩にともなうものであったというような歴史的要素はほとんど完璧に剝ぎ取られているように思われる。死体とはそれ自体これほどの力をもつ何かなのである。

『悲劇の発生論』のなかで「見るなの禁止」が発想される素材となった二つの源泉、イザナキ・イザナミ神話と異類婚姻説話とのあいだには、本質的な差異があるように思われる。そして、「見るなの禁止」が禁止しているものの質も異なっているだろう。イザナキ・イザナミの場合、「禁止」というよりも、最初から「見られない」「見ることができない」といったほうが近いものである。そんなものがあると知っていたらイザナキはそこに視線を向けなかったにきまっている。禁止するまでもないのだ。そして見たとたん、破壊的暴力的「幻滅以前」が生じ、圧倒的恐怖のなかでそれと距離をとるしかない。それに対し、鶴女房の場合は、おそらく、禁止を破って見始めた後、夫は目が釘付けになったようにそらすことができないと体験したに違いない。覗いている夫はたとえ最小限であれ、窃視症的な快を体験していたはずである。

イザナキはイザナミの死体が、自分が交わり、子をなし、その結果女陰を損傷することによって死なせてしまった女性の死体であるから「見られなかった」のではない。もちろんその側面もわずかには寄与しているかもしれないが、私が古事記を読んで感じるのは、死体というもののもつ圧倒的な力である。私たちはとにかく死体を見ることが難しいのである。そのおぞましさの感覚は肛門期的な汚れや稀れといった水準より、そして女性の性愛のもつ生々しさといったものより、もっと直接的で圧倒的なもののように感じられる。つまりここで優勢なのは、本能的欲望の水準ではなく、存在論的水準の体験生成だと考えられる。イザナキ・イザナミ神話における「見るなの禁止」によって回避されているものは、幻滅ではなく、幻滅以前のそのような直接的な恐怖である。それはおそらく意味の剝ぎ取りのようなものの具現として体験されている。それは「鶴女房」や「浦島説話」における幻滅とは水準を異にしている。

死体を見ること

こうして「見るなの禁止」によって防衛される幻滅が、起源の点でも体験の水準の点でも多種性を帯びた体験であることをみてきた。エディプス・コンプレックスがクラインによって、部分対象関係水準の体験生成のなかで絶滅不安を体験する最早期の乳児に拡張されたように、「見るなの禁止」の体験水準も早期のものから成熟したものまで幅広く考えることができる。ここで、この概念を構築するときに北山が参照した説話に登場する体験のなかで最も原初的な体験だと考えられる、イザナキ・イザナミ神話におけるイザナキの体験にさらに着目しよう。私の考えではそれは幻滅と言うよりも、「幻滅以前」の体験である。

それは愛情の文脈をもたない不安と恐怖、きわめて圧倒的で直接的な存在論的なおぞましさという体験のように感じられる。それは究極的には、死体というもののおぞましさである。死体を見ることというものは、私たちの歴史的な意味の生成を封じ込め、私たちはもの自体、ひとつの現実と触れるしかなくなる。そして私たちを根底から震撼させる。

近代社会が死体を街中から隔離し、死体が目に触れることが少なくなったから私たちは死体が怖くなった、という議論が時折語られる。あまりに単純な議論である。というのは、人間がなぜ文明を発展させ、死体を隠そうとしなければならなかったか、ということが語られていないからである。近代文明は死体を必死で囲い込み、隠そうとしてきた。それは死体が本来的にどれほど恐ろしいものであるのか、ということの傍証になっている。

死体は見ることを禁止されるには及ばない。それは本来的に見ることができないものだと言ったほうがいい。イザナミの死体のおぞましさはイザナミの禁止を犯したから生まれたのではない。蛆虫にまみれ変わり果てたイザナミの死体は、それ自体正視できず、逃げ出すことを余儀なくさせるようなものであった。「死」は見ることも悼むことも儀式にすることも悲しむこともできる。しかし「死体」は見るに耐えない。「死」という人間的事態に練りあがるまで、「死体」は考えることも見ることも思い懐かれることもできない。ただ圧倒的暴力的な力を私たちのこころに及ぼし、私たちは逃げ惑うのみである。

このあたりのことについて、私は先ごろ古典落語「らくだ」を素材に論考した（藤山 二〇〇八）。北山が分析した古事記や日本のフォークロアとは違って、古典落語は近世末から近代にかけて民衆のあいだに成立した物語であるが、やはり特定の作者によって作られたものではないものがほとんどで、都市のフォークロアと言っていい側面がある。北山が臨床素材でなくフォークロアから人間性の本質を抽出したのにならって、私も落語を素材としてみたのである。

かいつまんで言うと、「らくだ」は、らくだと綽名される無頼漢の死体を仲間の半次が発見するところから始まる。この噺の前半では、半次がたまたま通りかかった屑屋を使って、長屋の衆や大家や八百屋などから葬式に必要な財物を調達する成り行きが語られる。半次は、財物を持ってこないなら死体を担ぎこんで踊らせるぞ、と脅し、実際踊らせて次々と財物をせしめる。半次と屑屋以外は、らくだの「死」は大歓迎だが、らくだの「死体」は怖くてたまらない。「死」は歴史的な主体を背景とした「考えられる」考えであるが、「死体」は考えられない。死体を怖がる、ということが、世間の秩序を代表する市民たちの心性として語られていると言えるだろう。一方半次と屑屋はらくだの死体が怖くない。この死体に対する態度がドラマを駆動する。後半になると、おとなしくしていた屑屋が酒の力で大暴れして、半次を凌駕するのだが、ここに来て、死体を怖くないことが同じでもふたりには質の差異があることが見えてくる。つまりそれは、死体を怖がらない文化を意図的に維持しているアウトローである無法者の半次の体験と、本質的に「死体」と「死」、「生」と「死」の区別がついていない、すなわち精神病的な屑屋の体験とのあいだに横たわる差異である。

死体を怖がるということがこの世の人間的秩序の基底層をかたちづくるものであることを、この噺は笑いのうちに教えてくれる。おそらく「幻滅以前」の恐怖のもっとも端的なあらわれは、この死体を見ることにまつわる具体的で圧倒的な恐怖であろう。それは愛情対象への幻滅や去勢不安よりずっと根源的なものであり、人倫の基盤をなしている。それは罪の意識のきわめて蒼古的な前駆であると考えられる。

おわりに――「見るなの禁止」の位置づけ

エディプス・コンプレックスは、去勢処罰不安、父親に向ける殺人空想、母親に向ける近親姦空想、原光景空想といったさまざまな空想や願望や不安の束である。北山が抽出した「見るなの禁止」は、彼が抽出した説話に共通した物語のなかでもっとも中心的な空想／不安であり、エディプス・コンプレックスの場合の去勢不安のような、罪悪感のオーガナイザーとしての機能を帯びている。北山はこの「見るなの禁止」がその一部になっているコンプレックスに名前をつけるつもりはないという。しかしそれは、「夕鶴コンプレックス」「乙姫コンプレックス」というような名で呼ばれ、エディプス・コンプレックスと同様の思考、情緒、動機づけの束としても考えうるものかもしれない。エディプス・コンプレックスは当初欲望の水準でのみ表現されていたが、クライン以後、より原初的で存在論的な水準でも語られるようになった。それと同様、この新しいコンプレックスも、きわめてヒューマンでパーソナルな欲望の水準（たとえば幻滅）から具象的でインパーソナルな体験水準（「幻滅以前」のような）まで、さまざまな体験水準のなかで作動しているものとして描かれている。そのことは上述したように「見るなの禁止」の体験水準がきわめて多様であることにも表れている。

罪悪感が人倫にとってきわめて重要な構成要素であることは言うまでもない。北山の理論は、それにたどりつく道筋として、エディプスの物語とは異なるもうひとつの物語を想定して推敲したものであるということができるだろう。もちろんこのふたつの物語には本質的連関がある可能性もある。神話の主人公エディプスも、見ることができないように盲目になってしまうことがこのことを示唆しているだろう。エディプスは自分の罪に直面してそれを見ることのできないように自らを盲目にする。北山の語る主人公はあらかじめ罪に直面しないように、母親から禁止される。いずれにせよ、罪を見知ることが人間にとって困難な課題であることは間違いないのである。

第Ⅳ部　精神分析というできごととの語らい

第九章　夢みることと精神分析

夢についてのアンソロジーに寄稿したものである。対象関係論の流れでの「夢みること」についての論考をざっとおさらいしたようなもので、とくに新味があるとはいえないかもしれない。

ただ、私は精神分析の営みを端的にひとつの動詞で表現するなら「夢みる」が一番ぴったり来ると最近は考えるようになっている。意図的なはからいを超えてことが進展していくそのさまを、この言葉は的確に言い止めていると思うのだ。

この一章を夢についてのこの、いくぶん古い論考に充てたのは、やがて私が夢みることを中心において精神分析的事実を描き出すときの出発点を明らかにしておきたいと考えたからである。そうしたもくろみが実践できるのかは、私の能力と、それからこれくらいの年代になると健康と、そして何よりどれくらい精神分析を愛しつづけられるかということにかかっているのだろう。

一

フロイトが、夢が無意識的なこころへの重要なアクセスのひとつであることを見いだしたことは、精神分析の歴史のなかできわめて重要なできごとであった。フロイトが「精神分析家」になって著した最初の著作が「夢の解釈」(Freud, S. 1900) であったこと、そしてその素材のほとんどがフロイト自身の個人の夢であったことはきわめて象徴的な事態である。フロイトが自分自身の夢から多くを学んだことを通じて、精神分析は誕生した。すなわち、精神分析はフロイトの夢を介して、さらにいえばフロイトが夢みることのなかで創造されたとさえいえるのである。

それ以来夢は、「無意識への王道」とされてきた。つまり、夢は何かを語るものである。その語る内容は、夢思考、夢の潜在内容としてすでに「夢の解釈」で子細に検討されているし、その後もさまざまに言及されてきた。だが、それだけではひとつの心的営みとしての夢みること dreaming の全体に触れたことにはならない。夢をみる営みの全体を理解するために、まだ重要な問いが残されている。夢はその内容をどのように語るのだろうか、そしてその営みはどこで起きるのか、という問いである。

本論では、この問いを探求することによって、夢をみる営みの本質にいくらかでも近づいてみたいと思う。

たとえばビオンの、夢をみることこそが眠ることと覚醒することの基礎にある、という主張はきわめて逆説的であり、常識的なこころへの見かたに対する挑戦を含んでいる。さらに「夢みること、空想すること、生きること」(Winnicott 1971d) などで語られているウィニコットの夢みることについての論述は、それ自体がまるで夢のような詩的な表現に圧縮されている。移行対象 transitional object や可能性空間 potential space についての論述と同じように、ウィニコットのあまりにパーソナルで暗喩的な凝縮した物言いが、学問的理論的対話を拒絶しているかのように感じられるほどである。

しかし、それにもかかわらず、ビオンとウィニコットこそフロイト以来十分に触れられないままになっていた、夢みることという営みの本質に触れていこうとしたパイオニアであると考えられる。しかし、彼らのこうした仕事の価値を評価するには、その独特な語りかたをもう一度、より歴史的な流れのなかにおいて解きほぐすことが必要である。まず前提としてフロイトの夢理論に触れておこう。

二

フロイトのメタサイコロジーは何度か大きく改訂されている。夢についての精神分析理解の発展にとってある意味で不運でもあったとも考えられるのは、それが草創期のフロイトに精神分析そのものをもたらした「無意識への王道」であったために、そしてその発見の成果を記述した「夢の解釈」がフロイトにとって晩年にいたってもなおもっとも気に入っていた金字塔的著作であったために、フロイトのメタサイコロジー改訂の営みが夢理論の根本的改変をもたらさなかったということである。

彼が初期に提起した夢のもつもっとも重要な機能は、睡眠を保護することである。当初彼はおおよそ次のように考えていた。睡眠によって心的過程の退行が起こり、抑圧された願望が浮かび上がってくる。それはこころのなかの

「検閲官」（後年の「超自我」に相当するもの）に禁止されることで不安が生じ、睡眠はそのために妨げられかねなくなる。そのとき自我は、夢の潜在思考を変形して、「検閲官」が禁止しない形に偽装することで睡眠を保護する。

しかしこのモデルには、フロイト後期のアイデアと釣り合わない部分があることも否定できない。一九二〇年以降、フロイトの精神分析理論全体はラディカルに改訂されていった。まず、「快楽原則の彼岸」（Freud, S. 1920）以来フロイトの本能論は、生の本能と死の本能のあいだの葛藤を中心におくことになった。さらに、不安論と抑圧論の改訂がその後の時期にあった（Freud, S. 1926）。それによって、ひとことで言えば、抑圧が不安を生むというアイデアが、不安こそが抑圧の原因であるというアイデアにとってかわられることになった。また一方では構造論が構築され、自我こそが（検閲官＝超自我でなく）抑圧やほかの防衛メカニズムを担っていて、その機能の大部分は無意識的な機能であることが主張された（Freud, S. 1923）。

だが、こうした根本的な理論的展開にもかかわらず、彼の夢についての理論は徹底した改訂を受けているとはいえない。たとえば、「続精神分析入門」（Freud, S. 1933a）の「夢理論の修正」の章において彼が試みている修正は、確かにそうした文脈に呼応していると考えられるが、それほど抜本的なものではない。そこでは、死の本能と生の本能の基本的葛藤ははっきり触れられていない。つまり、不安夢はまだ夢の仕事の失敗としてしか語られていない。外傷神経症の原因となる外傷的できごとが夢のなかで反復されるという現象も、他の不安夢と同様、夢の仕事の失敗として記述されているが、「快楽原則の彼岸」において彼はすでにそうした現象を反復強迫 - 死の本能論との連関で触れてもいる。つまり、そうした不安夢が単なる夢の仕事の不全でなく、本来的な起源をもつものであるという含意をフロイト自身もすでに気づいていたとも考えられる。しかし、彼がこうした首尾一貫しない論述を整合的な形に推敲することは、ついになかった。

三

一方、その後に発展したクライン派の夢理解はフロイトの後期の方向を徹底的に推し進めたものである。つまり、夢は生の本能と死の本能の心的あらわれとしての（無意識的な）空想に起源があり、その偽装された形である。したがって不安夢とは、死の本能の派生物である破壊的な無意識的空想が浮かび上がってきたものである。フロイトのもともとの考えでは夢の潜在内容（夢思考）はすべて性的な欲望にかかわるものであった。だから、このクライン派の理解はフロイトのアイデアを大幅に拡大したものである。

このような考えからすれば、夢に本来睡眠を保護する機能がある、という理解がもはや単純には成立し難くなることがうかがえるであろう。つまり、夢というものが何のために存在しているのか、という疑問が生じることになるのである。そして実際、夢みることができない患者や精神病や境界例の患者についての経験は、フロイトのいう意味での夢の仕事が生成することがどのような現象であるのかを探求することに貢献したのである。つまりフロイトの夢の仕事についての理解も、拡張が必要になる。

そこで登場したのがクラインの後継者ビオンらの業績であった。彼らは通常の意味で夢をみることができない患者たちの夢、象徴形成がゆきとどいていない夢を扱うことによって、夢思考そのものがどのように生まれてくるかを明らかにしている。

アルファ機能がうまくいく限り、アルファ要素が生みだされる。こうした要素は貯蔵に適し、夢思考の必要とすることをかなえている。だがアルファ機能が障害され、そのために作動しなくなると、患者が気づいている感覚印象も彼が体験している情動も変化しないままになる。私はそれら変化しないままになったものをベータ要素と呼ぼうと思う。アルファ要素とは対照的に、ベータ要素は現象であるとは感じられない。それは「ものそれ自体」であると感じられる。（Bion 1962, p. 6）

この「もの自体」は、シーガル（Seagal 1957）のいう象徴的等置 symbolic equation に近いと言えるかもしれない。それは投影同一化によって、排出されるしかないなまの感覚データ、具体的な思考である。夢思考が成立されるためにはアルファ機能によってなまの感覚データが変形されることが必要である。その過程によって、それは貯蔵されたり、伝達されたり、考えられたり、理解される可能性が生まれるのである。そして、ビオンはそうしたアルファ機能が、コンテナー‐コンテインド（いれものとなかみ）の関係のなかで、心的内容を乳児が母親のこころに押し込み、押し込まれたものが包み込まれつつ変化するというメカニズムのなかで営まれ、そうした包み込む機能が乳児のなかに内在化してゆくなかでこころがアルファ機能を獲得し、夢を容れておくこころの場所が生まれてゆく、ということを明らかにした。シーガルはそうした場所を心的空間と呼んだ。その後、メルツァー（Meltzer 1983）やグロトスタイン（Grotstein 1979）といったビオンの後継者たちは、そういった夢理解をさらに推し進めていった。

こうした意味で、「夢みること」はアルファ機能の体験的表現であると言えるであろう。人は人間的であるとき、眠っているときも覚醒しているときも夢をみている。この不断のパーソナルな意味生成こそが人間体験の中核にある。この意味で精神分析は夢みることの援助であり、夢みられなかった夢を夢みられるように、そして、夢があまりに脅威であったために途絶えた夢みることを回復させることをもくろんでいる（Ogden 2004）。またオグデンは、グロトスタイン（Grotstein 1979）がコンテナー‐コンテインドモデルで夢みることを論述した際に用いた、「夢をみている夢みる人」と「夢を理解する夢みる人」と言う概念化を参照している。前者はビオンのもともとの概念化における、ベータ要素を排出する乳児に相当し、後者はそれを包み込み、意味を兆させる母親に相当する。前者は夢表象を創り出すものであり、後者は解釈者であり、意味の創造者である。そこにあるのは、夢みることが個人のなかの内的コミュニケーションの営みであるというアイデアである。

四

ウィニコットはビオンが展開した観点を、より暗喩的に、かつ感覚的に現実の体験に近い形で、日常語に近い言葉で語っている。もちろんビオンとウィニコットはまったく同じことを語ろうとしているわけではない。ビオンはクライン派の内的幻想論に基づいて、名づけようのない恐怖におののく乳児から出発したし、ウィニコットは母親と一体になって静かに「存在しつづける going on being」乳児から出発した。しかし、前提となる乳児というものについて基礎的過程が異なるにしても両者が迫ろうとしている人間存在にとって本質的な実態は、ほとんど近似しているように私は思う。すなわち、クラインの思考にかけていた環境すなわち心的体験を包み込む培地（マトリックス）の意義について、ビオンはクライン派内部から、クラインからの長期にわたるスーパーヴィジョンの果てにクライン派と決別したウィニコットはクライン派外部から、ほとんど同世代におそらく独自の対話を営みつつ迫った。このふたりが仕事をした時期の英国協会が、対立するクライン派、アンナ・フロイト派をなんとか包み込み、対話と創造の場所を確保していた、という事実と「こころが生きている場所」を探求する彼らの学問的動向とのあいだに深い内的連関があったということは間違いないことのような気がする。ビオンもウィニコットもこころの営み、こころの変化、創造性、思考することなどの場所、端的に言って人間が生きる場所を探求したのである。

ウィニコットは空想すること fantasying と夢みることとを対比する。

> いま明らかになったのは、空想することと、一方では夢みることという選択肢、他方では現実に生きて現実対象と関わるという選択肢とのあいだに本質的な違いがあるということであった。また、思いのほか明瞭に、夢みることと生きることは同じ区分に属し、白昼夢にふけることは別の区分に属す、ということがわかってきた。夢は現実世界で対象と関わることに重なるし、現実世界で生きることは夢の世界に重なる。それがどんなふうに重なるかは、とくに精神分析家にはなじみがあるだろう。ところがそれに対して、空想することは孤立的現象にとどまる。それはエネルギーを吸い取るが、夢みることにも生きることにも役立ちはしない。(Winnicott 1971d, p. 6)

空想することにおいては「犬が犬であるは犬である a dog is a dog (Winnicott 1971d)」。空想することは静的な「ものそれ自体」としての空想対象の並列である。そこには意味の響き合いが欠けている。「空想することは行き止まりであり、何の詩的な価値もない。」(Winnicott 1971d, p. 35)

それに対して、夢みることは「創造的に遊ぶこと」に結びついている。この空想することと夢みること、もしくは空想対象と夢表象との区別はクライン派のベータ要素とアルファ要素の区別にきわめて類似している。ウィニコットが創造性が遊ぶことと夢みることとの本質を共通のものと考えたこと、それが真の意味での「生きること」に属する営みであると考えたことは、ラプランシュとポンタリスが強調した「夢の仕事はけっして創造的なものではなく、素材の変形に限られる」というフロイトの主張（Laplanche and Pontalis 1973）を越えているといえるだろう。それはビオンの考えた夢みることも同様である。ここにはある種のコペルニクス的転換がある。夢はフロイトの考えでは、睡眠を維持するための妥協物として形成されるものであった。それに対してウィニコットやビオンは、それを人間が心的にパーソナルに生きること、創造的に生きることと結びつけている。そしてウィニコットはそれを遊ぶことの等価物だと考えているのである。

さて、夢みることという営みが創造性や遊びと本質的に等価なものであるとすれば、それはウィニコットのいう可能性空間 potential space でおきる現象であるということになる。つまり、カーンやオグデンが夢空間として言及している「夢の営まれる場所」は、ウィニコットが可能性空間として記述したひとつの場所的概念の特殊な形である。したがって、夢空間という概念を理解するには、可能性空間について理解せねばならない。ここで、可能性空間という、とらえどころのないようでいて、一方では直観的に理解可能な印象を帯びたアイデアをオグデンの考えを下敷きにしていくぶん詳しく述べてみよう。

可能性空間は、母親と乳児のあいだの身体的心的空間に起源をもつ。ウィニコットの言葉遣い（Winnicott 1971a, b, Ogden 1985）を生かしながらそれを述べるなら、それは対象（母親）を「Not-Me」と体験しはじめるときに現れる、内的な心的現実と外的現実とのあいだにある、内でもあり、外でもあり、そのどちらでもない仮説的領域である。そこでは、対象が発見され、かつ創造されるという逆説がそのまま受容されている。それは移行現象、遊ぶこと、創造性、文化的体験の場所である。というよりも、乳児が母親といっしょになってひとつであるという事態（母親‐乳児ユニット）から分離するとき、それは乳児と母親とのあいだの空間が移行現象、遊ぶこと、象徴によって満たされることによって生じる。つまりそのときの空間は、空間であって空間でない、潜在的な空間なのである。

この空間のウィニコットの発達論に占める位置をみてみよう。ウィニコットはクライン派と違って、分割と投影同一化によって組織化される妄想‐分裂ポジションから乳児の発達を出発させない。ウィニコットは「ひとりの乳児などというものはいない」と言った。母親‐乳児というユニットのなかに乳児のこころは抱えられている。そのなかで、母親は乳児のニードにあわせて、乳児の必要とするものを、必要なときに供給する。したがって、乳児は欲望をもつ必要がない。したがって、象徴も必要ない。乳児からみるとそこには他者はいないし自分もいない。均質な世界のなかで乳児は「存在し続ける going on being」だけである。したがって乳児は、主観的には自分のこころをもっていることを知らないのである。

しかしやがて、乳児は母親の外在性にしだいに直面してゆかざるをえない。この分離と外在性の発見が外傷的病因的にならないために、すなわち母親‐乳児が安全に母親と乳児とになるために、ウィニコットが考えた仮説的領域が可能性空間である。というのは、乳児と母親がひとつであると同時にふたりである、移行対象が自分（内部）であると同時に他者（外部）であるという逆説が挑戦されることなく維持されているからである。その逆説と言う概念を、オグデンは弁証法的交流という力動的緊張をはらんだ概念に置き換えた（Ogden 1985）。つまり空想と現実、外在性と内在性、私と他者とが対話する空間として、可能性空間は考えられるのである。そうしたありようの象徴として移行対象が生まれる。それはパーソナルな意味が対象の上に結ばれるということである。そのとき世界は、「私たちの生きる場所（Winnicott 1971a）」になるのである。

それは、一方では象徴と象徴されるもの、思考と思考されていることとが分化することを意味するのである。それは母親‐乳児の中に満たしていた一体性の錯覚が、象徴、象徴されるもの、解釈する主体が構成する三者性へと変形される過程である。「母親‐乳児ユニットのもつ均質性は一つの点と考えることができる。それに対し、象徴、象徴されるもの、解釈する主体の分化は、空間がその内部に創り出されるような三角形が生まれる可能性を創造する。(Ogden 1985)」そこは、ひとが意味を紡ぎ、単に反射的に反応する存在ではない人間として生き、くつろぎ、遊び、夢をみる空間である。

この可能性空間という概念を用いて、夢みることの場所を記述する試みが「夢空間」である。カーン(Khan 1972)は、夢空間が十分に形成されないときの夢の内容物が社会空間にあふれて、行動化の形になること、そして夢空間が十分に形成されたとき、夢体験はパーソナライズされて自分自身のものになり、プライヴァシィが生まれてくることを述べている。そのときも、ひとは夢みることを「使用 use」することができる、ということをウィニコットの「対象の使用」という概念化を参照しながら述べている。こうした臨床素材の語っている事実そのものは、シーガルやビオンなどクライン派の分析家が記述するものと一致している。

夢空間という言葉をはっきりと使用したもうひとりの著者がオグデン(Ogden 1986)である。彼は夢みることという営みが成立するには、夢表象(一時過程構築物)が夢空間のなかで変形を受け、対立物の弁証法的対話の過程に持ち込まれることが必要だとしている。これはウィニコットの言葉遣いでは、可能性空間のなかで空想することが創造すること imagination に変化することに照応する。

夢空間がうまく形成されないとき、すなわち、弁証法的対話の過程が不成立なとき、夢表象は象徴的な意味へと変形されず、幻覚へと変形されてしまう。分裂病者が夢みることをいう営みに参加できないのは、彼が文字通り夢をみないからではない。彼の夢体験が、目覚めているときの幻覚体験と交換可能なものになるために、独自の心的できごととしての夢みることは体験されないのである。

五

ビオンのいうコンテイニングから生まれる、シーガルのいう心的空間も、カーン、オグデンがウィニコットの可能性空間を援用して概念化した夢空間も、それらがうまく成立しているときとそうでないときに起きる臨床的事実は共通している。そうした空間の成立が十分であるとき、行動化は起こらず、夢の象徴機能は十分であり、その夢の報告に立ち会う分析家のこころは十分にそれをあじわうゆとりがある。そうでない場合、夢の報告は排出的であり、行動化や幻覚が夢思考を具現し、分析家のこころは苦痛で満たされがちである。

こうしてみると、このふたつの出発点の違う空間概念が、臨床的にはかなり近いものを表現していることは疑いないように思える。端的に言って精神分析は患者と分析家とが夢みることである。さらにこのふたつにはより本質的な共通点がある。夢みることが営まれる場所が母親との何らかの相互作用によって用意されるという事実である。人はひとりで夢みているようにみえて、そうではない。より哲学的な物言いをすれば、そこは自分のなかの他者が関与している場所である。そして、その営みには、自己の一部と他者とのコミュニケーションが含まれる。すなわち、他者と自己は夢みることの中で交わり、何かを生み出す。フロイトが精神分析を生みだしたように。

第十章　精神分析の非対称性について——ウィニコットの視点から

この論文も日本精神分析学会の教育研修セミナーでの発表をもとにしている。

精神分析をひとつの仕掛と考えるなら、二人の人間がいる場所をあえてひとりはカウチに寝かせ、ひとりは椅子に座らせるという形で具象的に持ち込まれる非対称性こそ、その核心である。その核心から離れてしまえばそこは精神分析の場ではなくなるのだ。これは当然のことのように思うが、それを当然と考えないことによって新しい精神分析が生まれる、と考える人たちもいる。

この章で、私はその考えに対し、明瞭に否と答えている。それは新しい精神療法を生むかもしれないし、その精神療法は精神分析より優れているかもしれない。だが、もうそれは精神分析ではない。それが私の考えである。

はじめに

精神分析は二人の人間のあいだの営みであり、二人の人間のあいだのできごとこそ治療過程の中核と考えられてきた。それゆえ、患者のこころとその「できごと」とのあいだがどのように関連しているか、についての理論が要請される。そうした理論は実践から生まれ、同時に実践を支える。

この章では、そうした理論についての大きな原理的対立、できごとを患者のこころの内界の具現とみる見かたと二人の主体の共同構築とみる見かたとの対立について論じてみたい。

投影同一化という概念と間主体性という概念

この章の本筋に入る前に、投影同一化と間主観（体）性という二つの概念についていくぶんの注釈を加えておこう。

間主体性は哲学わけても現象学由来の言葉であり、基本的には主体と主体のあいだに起きるものごとのありようを表現する広い概念である。一方、投影同一化という概念は、当初、個人の内界の防衛、心的操作としてメラニー・クラインによって着想されたが、やがて主にビオンによってふたりの人間のあいだの交流を含みこんだ概念へと変化していった。そして現時点で用いられている投影同一化概念は、ビオンの貢献を踏まえて、内的な空想や防衛を伴いながら営まれている、コミュニケーションや間主体的な心的変化の媒介となる可能性をもつ複数の個人のあいだの特異的な心的現象をさしていることが多い。すなわち、投影同一化は、特定の形の間主体的現象をさしている。言い換えると、**投影同一化とはひとつの独特な形の間主体性である。**

クライン派の投影同一化論と間主体的アプローチとの対立

乳児や精神病者のみならず、ほぼ正常に機能している成人においてさえも、投影同一化という間主体性のありかたが他者とのあいだに、すくなくとも部分的には繰り広げられている。これが対象関係論、とりわけ現代クライン派分析家の治療理論の基礎にある認識である。私の理解では、彼らは患者からの「考えられない」心的内容の投影を引き受け、それを自らの物思いを通じて理解し、解釈という考えられる形の考えに練り上げ、それを患者に戻していく営みを治療作用の基礎においている。それは、治療者のなかで動くさまざまな心的なものを患者からの持ち込みとして考えよう、という発想なのである。

いわゆる米国の「間主体的アプローチ」においては、このような治療論についての批判的な考えがあるように思う。それはギル（Gill 1979）以来の、現実の人物としての治療者の転移に対する貢献を強調する流れとつながっている。ひとことでいえば、彼らはそこに起きている間主体的現象の起源をクライン派の治療論で強調されるように患者ばかりに帰することはしない。治療で起きることはことごとく患者と治療者というふたりの人物、ふたりの主体の合作なのだ、ということを強調する。

これらは、分析家が治療状況で何に焦点づけるべきなのか、という問題について、かなり対極的な論点をかたちづくっているかにみえる。そしてこうした対立は、いくぶん荒っぽくいえば、技法論的には古典的な技法スタンスと自己開示を許容するより「新しい」スタンス（岡野　一九九九）との対比にもつながる。

ウィニコットの論点

こうしたふたつの対極的に見える考えに対して、ウィニコットはどういう考えをもっているだろうか。もちろんウィニコット自身がこの問題について直接発言したことはないから、この問いに答えることは私のウイニコット解釈に立脚することになる。

ウィニコットの間主体性についての考えをめぐっては、すでにオグデンが独自の解釈を提出している（Ogden 1992）。私は彼の議論に基本的に異論はないが、ここではそれとは違った視点でこの問題に切り込んでみたいと思う。まず強調しなければならないのは、ウィニコットにとって乳児が、主体としての自分や主体としての母親を感知しないまま、生きた存在として連続性を保っている、きわめて特殊な存在である、ということである。

こうした特殊なありかたが考えられる前提となっているのは、物理的にはひとりの人間である母親を、乳児の視点にそって「環境としての母親」と「対象としての母親」というふたつの側面に分けて考えるというアイデアである。「対象としての母親」は乳児の性的な欲望の対象であるとともに、ひとりの人物としての母親という意味ももつ。ウィニコットの発達論のなかでは、「対象としての母親」、ひとりの人物としての母親との出会いは先延ばしされねばならないものとして描き出されている。乳児のニーズに適応するという意味でも、乳児の心的空間を供給するという意味でも、最初は環境としての母親だけが乳児にとって存在していなければならないのである。十全な環境供給によって乳児は、母親をひとりの人物としては不可視の存在として体験し「孤立」している。乳児はいきいきとした生きた「孤立」のなかに息づいているのである。環境としての母親がほぼ完璧にいることによってこそ、逆説的に乳児は孤立しており、主体としての自分も主体としての他者もそこにはいない。こうした乳児こそが、ウィニコットが出発点の乳児として考えているものである。この状況に「対象としての母親」、固有の思考と欲望をもつ母親、主体としての母親が入り込んでくることは、侵襲 impingement として乳児の存在の連続性を粉々にしてしまう可能性がある。

「間主体的アプローチ」が、すでに主体である患者と治療者のあいだのできごととして分析状況を描き出そうとしているのに対してウィニコットの考えるモデルは、主体でない乳児と主体でない母親（環境としての母親）のカップルに焦点がある。もちろん、分析状況には、大人の患者と大人の分析家、主体である患者と主体である分析家も存在している。しかし、真に分析的なできごととしてウィニコットが重視したのは、そうした「主体でない」ありかたどうしでつながったふたりによって構成された領域をめぐる事態なのである。主体でないものどうしのあいだの間主体性というきわめて逆説的な状況こそが、ウィニコットが焦点づけている領域なのである。

対立はあるのだろうか——単なるすれ違いではないのか

間主体的アプローチ論者はクライン派に対して、分析状況で起きることすべてを患者の側からの持ち込みとしてみることは、分析家の主体としての側面を捨象することになり、現実的でない、という批判をしているように見える。だが、ここで対立としてみえていることは、単なる論点のずれにすぎないのかもしれない、と私は考える。

もちろん、ふたりの人物がそこにいる以上、分析状況が間主体的状況であるのはあたりまえのことである。当然、ひとつの間主体的現象としての投影同一化も両者を起点として絶えず生じていることは間違いない。乳児の前に、現実には、「対象としての母親」、ひとりの人物としての母親も姿を現しているだろう。こうしたことは物理的には現実である。しかしそれらは、すべて第三者、ふたりのカップルの外の「客観的」視点からみたときの現実なのである。間主体的アプローチ論者のいうことは、当然過ぎるほど当然である。

だが重要なことは、精神分析はそのような外からの観察ではない、ということである。精神分析が相手にしているのは、物理的現実でなく、心的現実である。「客観的な」観察者を想定することについての批判は「間主体的アプローチ」論者がしばしば語るところだが、私の考えではまさにそこのところで間主体的アプローチ論者の主張はつまずいている可能性がある。というのは、乳児の視点から見ると、主体としての分析家をいったん棚上げすることこそ、また、母親をひとりの人物でなく「環境としての母親」として、あるいは「容れ物 container」としてだけ体験している乳児の心的現実の視点に立つことだからである。「客観的」観察者の視点からすれば、ひとりの人物としての分析家／母親は、たしかに患者／乳児の前にいるだろう。しかし、患者／乳児の視点から見ると、そこには誰もいない。ウィニコットにとっては、すくなくとも出発点ではそうなのであり、ある意味で、世界は乳児によって万能的に創造されるのを待っているのである。

このことは、私が以前書いた論文（藤山 二〇〇一）で舞台の照明にたとえたことと照応している。舞台に照明が当たっている以上、天井にスポットライトが存在していることは客観的に事実である。観客も芝居が始まるまではそのことを意識しているだろう。しかし、芝居が始まり、ことがうまく運ぶならば、観客はスポットライトを意識しない。スポットライトは芝居のあいだじゅう、光量を増減し続けるだろうが、そのようなことを観客はまったく感知しない。理想的な場合、芝居の進展にそって調光されるスポットライトの光をまったく意識せずに、観客は芝居のなかの世界に没入するのである。物理的に人物や装置が明るく見えたり、陰翳のなかに沈んだりすることを観客は意識しない。それらは芝居のなかの自然な流れとして体験される。そのとき、スポットライトは観客にとって「ない」のである。特定の文脈のなかにあるものだけがそこにあり、そこから外れたものはそこにはない。それが、すべての遊びや文化的現象のルールである。

間主体的アプローチ論者は事態を外から第三者の目で見ている。そしてクライン派はおそらく万能的に世界を内側の視点で体験している乳児の視点で見ている。そこにあるのは視点の違いに過ぎないのではないだろうか。そして、おそらく精神分析のもつオリジナルな視点とは、一般心理学や精神医学と異なる視点、すなわちより内側の視点なのである。

間主体的な第三者

ウィニコットの視点では、精神分析はひとつの遊びであり、移行現象である。つまり、環境としての母親との分離と対象としての母親との遭遇とが、微妙に交錯する場所である。そこでは患者のものなのか治療者のものなのかわからない世界が出現する。主体性は相互に侵食される。このことをオグデンは間主体的な第三の主体の構築としてとらえた（Ogden 1994）。

すでに何度か使ったことがある素材だが（藤山　一九九四、二〇〇三）、二〇年前の私の経験をひとつ呈示してみよう。

ある自己愛的な青年とのセラピーは行き詰まっていた。彼との二年のつきあいのあいだ、彼は尊大に職場でふるまい、いさかいを起こし、その職場を脱価値化して去る、ということを何度か繰り返していた。私は彼の誇大性、自己破壊性を彼に指摘し、彼の職場との関係のもち方を父親との関係の文脈で解釈したりしていた。彼は平板にその解釈を受け取るのだが、それがまったく彼のこころに触れていないことは明らかだった。その証拠に彼は新しい職場でまた同じパタンに陥るのであった。

そのセッションで彼がまた同じように職場を去ることが決定的になったことが報告された。彼は例によって同僚や上司の悪口を言い募っていた。私は何も言う気が起きず、何も考えたくなかった。ただ彼の話を聴いているふりをしていた。数分の時間が流れ、気がつくと、対面でのセッションであったにもかかわらず、私はそのメモ用紙に落書きをしているのだった。（私は面接中ほとんどメモをとらないのだが、セッション後の予定が詰まっていて、すぐに記録をとれないことが予想されると、キイワードをいくつか書きとめるためにメモ用紙を持っていることが多かった。）私はひとつの単純な図形を無心に何度もなぞっていた。ふと、それが舟の形に似ていることに私は気づいた。すると私のなかに思春期に毎年課せられていたボート訓練の記憶がよみがえってきた。海で四人漕ぎのボートを漕ぐのだが、私は不器用でなかなか他の三人と調子を合わせられなかった。そのために私たちの班は何度もやり直しを食らった。灼けつくような夏の陽射し、入道雲、ひりひりするような喉の渇き、油のように凪いだ内海の風景、強烈な焦りの感情が私の意識によみがえった。そうした記憶の想起は私を生々しく苦しくさせた。気づくと彼はまだ上司の悪口を続けていた。他責的な彼を私は、いつもひとのせいにしてばかりいる、と批判的にみていることが常だったが、不思議なことにいまは少し違って見えた。彼は（あのボートの上の私のように）誰にも合わせることができず、（あのときの私と同じような強烈な無力感のゆえに）誰かのせいにするしかないのだ。普段だと不愉快でしかたのない彼の他責的な連想があまり苦にならないことに私は気づいた。同じ彼の連想がまったく違った形になって私の前に姿を現したのだった。このセラピーが生産的な雰囲気を帯び始めたのは、ふりかえるとこの頃からであった。

いうまでもなく、この素材のなかに登場する舟の形の落書きとそれに引き続く私の物思いは、彼の世界の反映でもあるし、私の世界の反映でもある。それは彼と私の主体性が重なり合って構築された体験である。

ウィニコットは「そこにはひとりの乳児などいない」と述べた。分析的営みのなかにはひとりの患者やひとりの治療者はいるのだろうか。オグデンは、早期の養育状況で母親‐乳児だけがそこにいるように、実は分析状況には患者‐分析家という第三の主体しかおらず、そこで起きていることすべては間主体的な第三者が生み出した体験なのだ、と主張した。この素材における落書きという行動とそれに引き続く物思いは、そのような新しい主体が生み出した体験を端的にあらわしている。より正確にいえば、治療者の物思いの体験とは、その新しい主体からのコミュニケーションを治療者が受け取っている体験だとも言えるだろう。

この素材においては、私はその物思い体験を通じて、彼の病理についての感じかたや理解を変化させることができた。そしてその変化は私の介入に影響をもたらした。その後は、彼の誇大性を直接取り上げることは減り、その背後にある焦燥や無力感や孤立感に触れることがしだいに可能になった。「いまここで here and now」を取り上げる転移解釈を与えることができたわけではないのだが、私の介入は、たとえその内容が彼の職場の孤立感に触れるものであったにせよ、単に「there and then」のものではなかったと考えられる。それは、その介入が間主体的な領域での私のパーソナルな体験を踏まえたものだったからである。つまり、自分が中学生だった夏の私自身の体験として彼の孤立感を「いまここで」パーソナルに体験した、という過程をとおして、私は語っていたからである。それは単に「there and then」を扱うこととは決定的に違う。

ここで、ひとつ強調されるべきことは、精神分析の伝統のなかでは、そうした体験そのものを患者に開示しない、というのが普通であるということである。私たちの体験**を**語るのではなく、私たちの体験**から**語る、と端的にオグデンが表現したように、その体験をあくまで患者の理解へと用いることが分析家の仕事だとされてきた。もしそこでたとえば私が、「中学生のときに……」と話したとしたら、最後に「私の体験はあなたの体験と重なります」と付け加えたとしても、私はウィニコットのいう意味での侵襲をもたらすことになるだろう。それでは、私があまりに主体として立ち現れすぎるのである。

クライン派が投影同一化をもっぱら患者を基点として考えるのは、そうした精神分析の伝統があるからである。その伝統の背後にあるものは、ウィニコットの視点から見ると、分析状況が、そこにエディパルな三角形を潜在的にはらむ可能性をもつにしても、移行現象の領域という母子関係的二者関係的な領域を舞台にしている、という前提である。母親には環境という側面とひとりの固有の主体性をもつ人間という側面がある。一方、乳児には自前の環境はなく、主体もない。その意味で根本的にそこは非対称な領域である。ウィニコットとビオンの両者に共通するのは、乳児／患者にとってひとりの分離した他者が現れることを先延ばしすることの必要性を暗黙に前提としていたことであるといえるだろう。

分析状況は客観的観察者の目からみると、ふたりの主体によって構築されたものである。しかし、患者の視点からみたとき、そこに他者があまりにも明瞭に出現することは、精神分析を「遊ぶこと」や移行現象から遠ざけてしまう。したがって私たちは、そこに繰り広げられるものをいったんは患者の側の持ち込みとしてみること、上述の喩えを用いるなら、スポットライトを無視して芝居だけをみることを受け入れることが必要になってくるのである。

おわりに

ラグビーは、サッカーのプレイ中に突然手にボールをもって走り出したラグビー校の生徒を祖とするスポーツだという。ラグビーは面白い。サッカーに負けずおとらず面白い。しかし、ラグビーをサッカーだという人はいないだろう。

精神分析的な臨床事実はすべて間主体的に構築されているだろう。そのことを前提としつつも、それを非対称的に取り扱う遊び、もしくは営みが精神分析なのである。すなわち、間主体的な事実から患者の主体的世界に向けて語ることが、精神分析という遊びのルールなのである。治療者の主体的世界を語ること、いわゆる「自己開示」は、なんらかの臨床的効果をもたらしうるだろう。それによって幸せになる患者もいるかもしれない。だがそれは本質的なところで精神分析ではないだろう。ラグビーがサッカーではないように。

精神分析でないことを試みる治療者は、ラグビー校の無名の生徒のような、ひとりの創始者となる決意を要求されることになるのではないだろうか。そして、時間をこえて維持されてきた精神分析という文化とのつながりを失ったままで、患者の苦しみに取り組むことになるのだろう。それは新しい文化を創ることにともなう、大変な困難に直面するだろう。もちろんそれは創始者としてのフロイトがたどった道でもあるのだが。

第十一章　「劇的瞬間」と「精神分析的瞬間」

この章では、私は自分の精神分析以前の体験に立ち戻っている。青年の私が没頭した演劇的実践のもつ独特な手触りの中核に、精神分析と共通するものがある。その個人的感覚だけを頼りにこれを私は書いた。

そうした個人的感覚が普遍性を獲得するかどうかは、読者のみなさんが何を感じるかにかかっている。ただ、私は、自分のこの感覚が本質的に正当で、生産的であることを直観的に信じている。そこから大きな展開を生み出しうるのではと考えているのである。

これからの私の仕事は、こうした個人的感覚のつかんだ何か本質的なものをこの世に受け入れられる形で具現することだろう。私はそのとっかかりをこの章で形にしたいと思った。

はじめに

この章は二〇〇八年の日本精神分析学会教育研修セミナーにおいて話した内容に基づいている。それから三年経ったのだが、まだ論は熟しておらず、きわめて個人的な感懐にとどまっている部分が多い。だがともかくも私はこの一章を立てることにした。それは、おそらくもっとも個的なものに沈潜することを通して一般に開かれることもありうるかもしれない、という思いがあるからである。

私にとって劇というもの、演劇、芝居は、他人事ではなかった。私の二〇代はほぼまるごと演劇活動に捧げられた一〇年間であった。それは私が二一歳から三一歳くらいまでである。七〇年代から八〇年代にかけての一〇年ということになる。すでに読者にはその時期生まれていない人も少なくないだろう。私はそのときの体験を折にふれて話してはきたが、その体験が自分の精神分析的実践とどのように本質的なつながりをもっているのか、正面から考えて公けの読者に語るのははじめてである。

この一文を読んで、明日の臨床にすぐに何か役に立つことが見つかるということはないだろう。私の語ることは臨床実践から遠いものに感じられるかもしれない。ただ言えることは、私のつもりとしては、演劇のことを語っていても意識は徹頭徹尾精神分析の営みに向いているということである。

私ははじめ、大学構内の自主的に占拠した（この言葉遣いはまさに七〇年代のもので、結局それは、勝手に不法に占領して壁を真っ黒くして、電気をあちこちから盗んできてスポットライトを吊りこんでいたということである）稽古場で、後には目黒の、少なくない借金をして作った稽古場兼小劇場で演劇活動をおこなっていた。一年中週三日か四日稽古をしていた。後半の五年で一〇本の芝居を自作（もしくは構成）し、演出した。そして同時に劇団経営者でもあった。

その劇団がどうにもならなくなって解散したその年に、私は三一歳になっていた。その年、精神科医として力動的なスタンスに進もうと志して、精神分析家に最初のセラピーを受け始めた。つまり、その両者は連続した何かであった。当時あまりそのことを私が意識していなかったのは、不思議といえば不思議である。しかし、私の無意識は、演劇と精神分析に何か共通のものを見ていたのだろう。その無意識の直観的認識はおそらく正しかった。いま私は、自分の精神分析家としてのありかたを作る上で、この時代に自分がやっていたことが大きく貢献したと思っている。

エナクトメントと近代的演劇観

演劇と精神分析というふたつのできごと、あるいは営みは、さまざまな点で重なり合い、たがいを照らし合うもののように思われる。そのふたつにはつながりがある。従来からそのつながりに気づいていた論者は多い。彼らの多くは、患者が持ち込んだ台本が患者とセラピストふたりによって上演（エナクト）される、という観点でのつながりを論じた。

この観点においては、患者は自分の知らない（しかし患者の無意識が知っている可能性のある）筋書き、無意識的な空想というプロットに沿って、精神分析というできごとのなかに自らのドラマを具現してゆく。ここでは暗黙の前提として、「台本や筋書きの具現」としての演劇というものが考えられている。演劇を一義的に決定するものは台本、戯曲であるという演劇観である。この考え方は、演劇の歴史のなかで見ると近代劇のパラダイムである。

近代劇というパラダイムは、広い意味での「文学」として演劇をとり扱おうとする見かたである。この演劇観においては、劇作家が何かを表現するためにひとつの劇世界を描き出す、というところからことが始まる。そこは、イプセン、ストリンドベリといった近代劇の作家たちが活動した領域である。そこでは、演劇、芝居というできごとは、あらかじめ劇作家の「神の手」によって創造されている。そこで語られる言葉が台詞という形で規定されるのみならず、そこで起こるできごともト書きという言葉によって規定されている。

近代という時代、すなわち、個としての芸術家の個性や創造性からものごとが出発するという発想が支配的であった時代、他の文学作品のように演劇も劇作家のクレジットがついたものになった。そしてその劇作家の意図を具現することをめざして、その場面をコントロールする存在が演出家だった。近代劇において、演出家の仕事は戯曲の意図の伝達（どうしても解釈というものが入り込むにしても）であり、その意図が役者たちによって具現するように役者を統御することが重要だと考えられた。舞台でのできごとそのものよりも、劇作家の書いた作品世界の実現によって、そのプロット、起承転結、ドラマツルギーによって、観客が動かされるのだと考えられていた。そこでは劇作家の主張、劇作家の世界観の具現として、演劇がある。プロレタリアート演劇といわれる潮流、ブレヒトやひいてはチェホフまでをも階級闘争を背景とした革命のプロパガンダとして考えるような考え方は、その最も極端なものだといえるだろう。

もうひとつの演劇観――「劇的瞬間」と劇的体験

こうした演劇観に対して、その対極ともいえる演劇観がある。それは観客の体験そのものに立脚する演劇観である。演劇が人の気持ちを揺すぶり、人のこころに深く分け入り、なんともいえない衝撃を残すこと、そのことは経験的な事実としてたしかに存在する。二〇代の私は年に百回以上、芝居を観に行っていたと思う。そのなかでわけがわからないし、意味不明だがものすごいものを観た、という体験を何度もした。そうした体験を求めて同じ芝居に何度も行き、そのたびにわけがわからないのだった。また、観たときにそれほど面白いと思わなかった芝居のひとつのシーンが、日常のふとした瞬間に何度もよみがえったり、悪夢に見たりというようなことも体験した。今でも私は、その当時に見た芝居のある一瞬の情景、ある一瞬のひとりの役者の目つき、ある役者の声を思い出してしまうことがある。こうした体験は、その芝居のプロットや全体としての主題と関連はしているにしても、直接にはつながらないものである。

もうひとつの演劇観は、観客に深い衝撃をもたらすこのような体験、劇を観ることの中核に位置するこのもっとも差し迫った体験部分に基礎を置いている。その体験こそが人間に芝居を観に行かせる力をもつのである。この演劇観においては、戯曲が具現することが演劇のゴールではない。そうした衝撃的な体験の出現こそがゴールであり、戯曲やプロットはひとつの手段である。

このなんとも言えない観客の体験を「劇的体験」、その体験が起きる瞬間を「劇的瞬間」と便宜的に呼ぼう。この演劇観では、この、演じる側と観る側のあいだに起きるこの間主体的なできごと、その瞬間のもつポテンシャルこそ、演劇という芸術のユニークさと力の根拠だと考えるのである。

この劇的瞬間を中心に考える演劇観に立つとき、もっとも中心的な存在は役者と観客になる。わざわざ自分の存在や身体を人前にさらすということを生業とする人間とそれを見るためにお金を払ってまで足を運ぶ人間。劇的瞬間というできごとは、この二種類の関与者のあいだの時空間に起こるひとつの特異な現象である。

劇的瞬間に観客が体験する体験、劇的体験は、単なる美の体験ではない。それは何か生きることの本質をいきなり抉り出してくるような体験であり、強く、おぞましく、戦慄的な体験である。それは言葉では語れない、名状しがたい感覚である。しいて言葉にすれば、ああ人間というのはこういうものだったのか、生きるということはこういうことなのか、程度にしか表現できないだろう。つまり、その感覚は、美というより、何らかの真実に触れた感覚を帯びている。演劇という営みと精神分析という営みの本質的類似は、私の感覚では、何を置いても（観客としても役者としても演出家としても、そして分析家としても被分析者としても体験した）この真実の感覚の質の類似にある。私はこの体験をひとつの補助線として、ビオンの「Oになること」（Bion 1970）という概念や、ウィニコットの「自我オーガスム」（Winnicott 1971）という概念を理解してきたことを告白する。

一方、演劇は「芝居がかった」「芝居じみた」という言葉が示すように、しばしば真実でない贋物として蔑まれる。たしかにそこは、現実ではない、作り物の場所である。しかしそこは、逆説的にも、真実が純粋に形を取る場所でもある。それは精神分析が、きわめて非日常的で人工的な、人生の自然とは離れているかのような枠組みのなかで、人生の真実の瞬間を現出させることと本質的に類似している。私は精神分析におけるそのような瞬間を「劇的瞬間」と対比して、「精神分析的瞬間」と呼びたい誘惑に駆られる。その両者は、なまの手付かずの自然のなかに人間的真実が現れるのではなく、あるしつらえられた文化のなかにこそそれが現れるのだと考える、という点で共通しているのである。

私は、そうした瞬間の成立は、必ずしも戯曲全体が作品として優れているかどうかにはよらないと思う。また、観客にとって目新しい戯曲の場合にも慣れ親しんだ戯曲の場合にもそれは成立しうる。江戸の庶民も、イギリスの大衆も、浅野内匠頭がどのように自刃するのか、マクベスによってバンクォーがどうやって殺戮されるのか、知っていた。それでも彼らは何度も何度も忠臣蔵を、マクベスを観て、おそらくそのたびに劇的瞬間を体験したのである。一方、分析において、私たちは患者たちによっていつも同じような「ナルシシスティックな」あるいは「ヒステリカルな」あるいは「スキゾイドな」台本を持ち込まれる。筋書きは後から振り返れば、型にはまったもので、わかりきっているともいえる。しかし私たちは、彼らとのあいだで困惑し、おののき、動揺し、そして精神分析的瞬間に立ち会うのである。

私自身の演劇活動は、後者の演劇観、劇的瞬間中心の演劇観に基づいていたように思う。七〇年代は近代的演劇観を否定する風潮が支配的だったから、私も単にその片棒をかついだだけだったかもしれない。ただ今の時点から振り返ると、それはやはり、本質的な私の傾向から来るもののようにも思える。私には、演劇が単に戯曲が具現化されたもの以上の何かであることは自明のことであるように感じられていた。演劇が単なる戯曲の具現なら、戯曲を読むだけでいいのであり、わざわざ手間暇かけて芝居を演らなくてもよいだろう。それは精神分析が理論でなく、営みであり、できごとであることと重なる。精神分析が解釈内容だけで患者を治しているのなら、患者は分析理論を書いた本を読めばいいだろう。具体的なできごとが立ち現れることにこそ意味があるのであり、本質的なことなのである。

たとえば、シェークスピアの書いた戯曲は古典とされている。その饒舌な言葉の魔法、人間の幸福や不幸を切り取るプロットの普遍性など、彼の書いたものはひとりの劇作家が自分の文学的才能を表現し、世界観を吐露したものだと考えられるかもしれない。しかし、おそらくシェークスピアはそのような目的で戯曲を書いたのではない。彼は座付き作者として書いたのである。この役はこの役者に、あの役はあの役者に、と配役を当て、劇団経営者の一人として興行的な成功を意図して書いたのである。彼の世界観や文学的な思いを具現しようとしたのでは決してない。演劇というものは、とりあえず観客に「受け」なければいけない。彼はきっとそう考えていたはずである。「受け」ること、つまり観客との間に起こる間主体的な「劇的瞬間」の成立こそが重要なのだと思っていたはずである。世阿弥は「花伝書」のなかで、「花」という言葉でその瞬間を語っている。彼も座付き作者で劇団経営者であった。

受けようとすることは、しばしば誤解されがちではあるが、観客に媚びることではないだろう。毎回おなじみの芝居の同じ役を演じ、同じ観客が何度観ても、必ず「受ける」優れた役者を観るとき、観客には必ず、新しい体験をしている側面がたとえわずかでも毎回あるだろう。このことが実現するには、役者は観客の期待に単に沿うのではなく、微妙にそこを超えていくということが要求される。そのことは役者が自分自身の体験を更新してゆくことを含んでいる。役者はつねに新しくひとつの役を演じる体験を生み出し続けなければならない。これは分析家のあるべき姿のメタファーにもなる気がする。

劇的瞬間の成立ということこそ本質だ、という演劇観に立つことは、演劇には戯曲なり台本というものが必要だ、ということと矛盾するものではない。演劇には戯曲が必要である。そこにテクストがあり、プロットがあることが劇的瞬間に貢献する。あまりにも過剰なできごと性で混乱した劇空間に整合性を与え、観客がその場で舞台を観続けることを可能にするために、プロットが必要になるともいえる。そして何より本質的なこととは、プロット全体とできごととの衝突と交わりのなかに劇的瞬間が生まれるということである。役者の身体やそこでのできごとがテクストとしての台本と交わることによってこそ、劇的瞬間が成立する。

おそらくそれは、患者の持ち込む台本といまここで起きているできごととが交錯するところに、精神分析的瞬間、真実の瞬間が立ち現れることと共通しているのである。

精神分析にとっての事実と「もの」

プロット、台本は必要でありながら、劇的瞬間自体を構成するものではない、というアイデアは、以前から語られている精神分析における劇的観点、エナクトメント論を考える上でも示唆的である。

患者がプロットを持ち込み、患者と分析家がそのプロットをひそかに演じる。そのことはすべての分析状況で確かに起きているのだろう。だが、それだけでは精神分析的瞬間は成立しえない。そうしたプロットもしくは台本とそこに起きているできごととのあいだに、あるギャップや衝突が生じることが必要である。精神分析的設定はある程度の硬さと質感をもっているので、そうした衝突の手ごたえを鮮明にしてくれるのだと考えられる。

たとえば、ヒステリカルな患者は私たちを誘惑する。父親に向けた性愛が父親／分析家に認識され、女の子らしさとして祝福され、楽しまれるのかどうかを、彼女たちは試そうとするのである。精神分析に来る患者のほとんどは、そのような性愛に関してある種の傷つきを、実際にもしくは心的現実として体験しているから、そうした願望を妙に性愛化したり私たちをじらしたりといった形で提示して私たちを近親姦の世界に誘い込みつつ同時にその願望が実現しないことを絶望的に希求してもいる。そうしたヒステリカルな筋書きのなかで私たちはさまざまな情緒を体験する。

患者を愛おしいと感じたり、あるいは強い性愛的な感情を覚えたりするだろう。あるいは極めて疎ましく感じることもあるだろう。そのような情緒をそのままふるまいに移してしまえば、精神分析的瞬間は訪れない。いずれにせよ、そのようなとき私たちのふるまいを精神分析設定は外からしっかりと抱える。あるいは、分析家としての内的文化が私たちの行動をしっかりとつかまえる。私たちは精神分析設定というものの堅固さに突き当たり、それを明確な事実としてあらためて体験することになる。それに支えられることで、そこは精神分析的瞬間が準備されうる場所になりうるのである。事実の事実性、「もの」の「もの」性に支えられてこそ、ある種のリアルな出会いとしてとしての精神分析的瞬間が生じるのである。

よりスキゾイド的ナルシシズム的な患者の場合には、そこはきわめて不毛な場になる。手ごたえのない不毛な世界から、ふたりの心的世界の交わりによって、何かが「選択された事実」(Bion)として浮かび上がる局面を私はいくつかいままでの論文に書いてきた。たとえば、スキゾイドの女性とのあいだの不毛の何年間が父親との喪の仕事の準備であったことが、机の上に娘の写真を置いておくという私自身の失錯行為とその写真を患者に見られるのではないという切迫した不安とが患者が持ち込んだ夢とリンクすることによって、一気に理解される「精神分析的瞬間」を描き出したこともある(藤山 二〇〇一)。そのとき私は写真立てを舞台の小道具に喩えた。

演劇において、登場している人間／役者より、小道具のほうが人間的意味を帯びてくる局面があることを、私はよく経験したものだった。そうした局面では、その小道具、たとえば死んだ父親の眼鏡やその父親が好きだったスイカの一切れが、単なる「もの」ではない「もの」として舞台空間に浮かび上がる。そうした「もの」は、たとえば、舞台の照明器具が「もの」であることとは違った意味の「もの」になるのである。そうした「もの」は演劇的な文脈のなかに浮かび上がってくる「もの」なのである。「もの」としての異物性と文脈のなかにあるという親しみの感覚、隔てられていることとなじんでいること、未知であることと既知であることが逆説的に共存しているとき、それは大きな劇的説得力をもつ。おそらく、精神分析状況のなかでも、何かが「もの」「小道具」として浮かび上がってくるときには、精神分析的瞬間が成立するように思われる。

設定としての現実の堅固さと設定のなかからせり出してくる「もの」の現実感。そうしたものが使用されることが演劇でも精神分析でも、きわめて本質的なものであり、「劇的瞬間」、「精神分析的瞬間」の達成に貢献するように思われる。

役者と観客／演出家、患者と分析家

当時の劇団で大道具、ときに役者をやってくれた精神科医が、たしか一五年ほど前、私がようやく精神分析的なものを書き始めた頃、私に言ったことがあった。「藤山さんが書いていることは、劇団で演出のときに言ってたことと何にも変わってないですよ」。こう言われて、私は自分がすごく新しいことを考えていると思っていたので意外であり、少なからず落胆もした。しかし同時に、妙に納得する感覚があったことも事実である。たしかに演劇、とりわけ演出行為と精神分析的なセラピストが行なうこととのあいだには、本質的な類似があることはうすうすわかっていた。私は演劇活動をしているあいだ、一貫して自分を演出家なのだと思っていた。たしかに台本を書いたり、さまざまなテキストをつなぎ合わせて構成したり、どうしても役者が足らないときには出演したりしたが、なんと言っても私にとって演劇とは演出家としてかかわるものだった。

劇的瞬間を構成するもっとも必要最低限の役割は、役者と観客である。劇的瞬間は観客が劇的体験を体験する瞬間である。演じる役者に対し、観客はひたすら沈黙しており、そこで受身的に構えている。それは語る患者と沈黙する分析家という基本的構造と類似しているといえるだろう。

ただ、患者が分析家の発言によって分析家の考えを知る機会があるのに対し、役者は観客がどう感じ、何を考えているのか、知ることはできない。そこでの間主体的交流は精神分析よりもさらに大幅に制限されている。これではそこに間主体的な劇的瞬間が成立するとはとても思えないほどである。

しかし、芝居のなかでほんとうにそうした劇的瞬間が創造され、またそれが更新されているのは、本番の舞台のときとは限らない。実を言えば、稽古のときにこそ、それが起きる。演劇とは稽古のときに創造されているわけであり、演出家は「観客代理」として稽古のなかで特権的にその創造過程を見守るのである。私は、芝居は本番よりも稽古のほうが面白い、といつも思っていた。演出家は劇的瞬間の成立、あるいは萌芽、あるいはその頓挫を目撃し、きわめてユニークな情緒的な体験を味わう。

役者は基本的に観客にはなれない。世阿弥が言った「離見の見」という概念、自分を離れたところから観る観点から演技を構築する、ということは、実は本来的には不可能である。そうした観点は、稽古の過程で情緒的な体験をしている演出家の観点を取り入れることを媒介として徐々に形をとってくるのである。

大事なことは、観客と違って演出家は語るという事実である。彼は自身の劇的瞬間にまつわる体験から何かを語る。演出家 director という言葉からは、彼が役者に direct すること、直に指示するというイメージを持たれやすいかもしれない。しかし、演出行為に携わればすぐにわかることだが、そのようなことは何にもならない。私の実感からすると、演出家の役者に対する仕事はきわめて精神分析家の患者に対する仕事に近い。間主体的なきわめて人間的な特別の瞬間をそこに現出させることに言葉を使って貢献するという意味で、それらは共通の本質をもつ仕事である。実際私が経験したのは、役者に、ああしろこうしろ、と私が言って何かいいことが起こることはまずない、ということであった。役者に何かを語ったとき、その私が予測していた変化を根本的に裏切るような変化が起きることこそ、ある意味で私を超えていくことこそ、劇的瞬間は成立するのであり、それこそが演出行為の成功である。私の個人的予測や願望を超えて、何かが生まれ出なければならない。かといって、演出家が言葉を用いない限り、演出はできない。演出家は何かを語る。だがその通りのことが起きてしまえば、劇的瞬間は生まれない。演出家の言葉はそういう逆説的な意味で重要である。その言葉を役者が「わかりました」と受け入れることは劇的瞬間につながらないのだが、ともかくも演出家の言葉は役者に何らかの手ごたえを生まなければならない。おそらくこれは、精神分析家が解釈をするときのジレンマとたいへん類似していると私は思う。私にとってセラピストとしての私の心的機能の原体験はどうもここにあったように思うのである。

目標に直に達することをめざしてはいけない。しかしほんとうのことを、真に感じることをとりあえず伝えなければことは動かない。私はそれを絶えず実感していた。その意味で優れた演出家は direct しない。それどころか、優れた演出は indirect、間接的でなければならない。このことはビオンが no desire と言ったこととつながっているように思われる。そして演出の言葉は説明的ではいけない。余白を残し、その上である種のあやういバランスを維持していなければならない。こうしたこともおそらく、分析家の解釈を考えるときに参考になるように思われる。おそらく、演劇における言語は、台詞も演出家の言葉も、説明的になったらおしまいだろう。実体や現実を含みこむ余白というものを絶えず意識していなければならない。未飽和であることが生産につながっていくのである。それこそが、精神分析的実践を豊かにする要諦でもあることは間違いないだろう。

おわりに

実はもうひとつ、私は集団の問題を取り上げて論じたかった。演劇という芸術は人間の集団のなかで営まれる。そして精神分析も、患者と分析家のそれぞれのさまざまな自己部分の集団状況のなかで営まれる。ビオンの集団論をここに適用すると、劇的瞬間、精神分析的瞬間の成立をもう少し精密に見ていくことができるようにも思うからだが、今の時点ではそこまではカバーできない。今後の課題にしようと思う。

あとがき

「まえがき」で、「節目」などと言ったわりには、ごくささやかな本だなと筆を措いてみて感じています。ひとりの人間が形にできることはほんとうに少ないことに過ぎないと思います。

精神分析は、日本ではそれが五十年ほど前にある種の運動の形を取り始めてからずっと、草創期にとどまっているように思います。いまだに精神分析家はせいぜ三十人程度しかおらず、分析家になろうと訓練を受けている候補生も二十人ほどしかいません。精神分析のもつ手応えや実質を体験的に知る市民はきわめて少数にとどまっています。

それでもなお、私はこの国に精神分析は生き続けるだろうと思っていますし、そうであるべきだろうと思います。これほどまでに人間性の奥行きと複雑さから目をそらさない臨床実践は他にはありません。人が自分の人生の意味や自分が自分であることの手応えを求めるときに必要な、他者との深くかつ最大限安全な交わりが精神分析によって得られることは、私にとって確実なことです。

この本が読者の手に取られ、何かをその人のこころに残し、精神分析への興味や関心を呼び起こすとしたら、望外の喜びです。

この本を出すに当たって、患者諸氏や訓練分析家をはじめ、私の訓練や臨床に関わってくださったすべての方々に深く感謝しています。私はその方々のおかげで精神分析に出会え、続けて来られました。そして、私を取り巻くすべての方々、とりわけ私を愛してくださる方々に感謝を捧げます。そうした方々の支えで私はものを書けましたし、生きて来られたのです。そして、いつもながら、岩崎学術出版社の長谷川純さんのたゆまぬ励ましに感謝いたします。

藤山　直樹

二〇一一年一〇月　濃い秋日の眩しさを愛でつつ、神宮前にて

初出一覧

第一章　「エディプスのとば口と移行的第三者」イマーゴ、五巻九号（一九九四）を改稿。
第二章　「ナルシシズムについての覚書」『ナルシシズムの精神分析』岩崎学術出版社（二〇〇八）を改稿。
第三章　「超自我概念を再考する」精神分析研究、五〇巻三号（二〇〇六）を改稿。
第四章　第22回日本精神分析学会教育研修セミナー（二〇〇六）での発表を改稿。
第五章　「『終わりある分析と終わりなき分析』——精神分析の限界とフロイトの限界」『現代フロイト読本2』みすず書房（二〇〇八）を改稿。
第六章　「『自分』と『甘え』再考」『「自分」と「自分がない」（日本語臨床2）』星和書店（一九九七）を改稿。
第七章　「『甘え』理論の対象関係論的含蓄」精神分析研究、五四巻四号（二〇一〇）を改稿。
第八章　「『見るなの禁止』とは何か」『罪の日本語臨床』創元社（二〇〇九）を改稿。
第九章　「夢みることと夢の場所」現代のエスプリ別冊『夢の分析』至文堂（一九九七）を改稿。
第十章　「精神分析の非対称性について」精神分析研究、四七巻四号（二〇〇三）を改稿。
第十一章　「『劇的瞬間』と『精神分析的瞬間』」精神分析研究、五四巻一号（二〇一〇）を改稿。

Winnicott, D. W.（1960）The theory of the parent-infant rerationship. In The Maturational Processes and the Facilitating Environment. Karnac, London, 1984.

Winnicott, D. W. (1965) The Maturational Processes and the Facilitating Environment. Hogarth, London.（牛島定信訳：情緒発達の精神分析理論．岩崎学術出版社，1975.）

Winnicott, D. W.（1971a）The place where we live. In Playing and Reality. Routledge, New York, 1989.

Winnicott, D. W.（1971b）Playing: A theoretical statement. In Winnicott, D. W.（1971）Playing and Reality. Tavistock, London.

Winnicott, D. W.（1971c）The Location of cultural experience. In Playing and Reality. Routledge, London, 1991.

Winnicott, D. W.（1971d）Dreaming, fantasying and living. In Playing and Reality. Routledge, New York, 1989.

Winnicott, D. W.（1971e）The use of an object and rerating through identification. In Playing and Reality. Routledge, London.

Winnicott, D. W.（1971f）Playing and Reality. Tavistock, London.

Wisdom, L. O.（1987）The concept of "amae". Int. Rev. Psycho-Anal. 14: 263–264.

Wortis, J.（1954）Fragments of an Analysis with Freud. Simon and Schuster.

Ogden, T. H.（1989）The threshold of the male Oedipus complex. Bul Menninger Cl 53: 393–413.

Ogden, T. H.（1992）The dialectically constituted/decentered subject of psychoanalysis. II. The contributions of Klein and Winnicott. The International Journal of Pycho-Analysis 73: 613–626.

Ogden, T. H.（1994）The analytic third:working with intersubjective clinical facts. Int J Psychoanal 75: 3–19.

Ogden, T. H.（1994）Subject of Analysis. Aronson, Northvale.

Ogden, T. H.（2003）On not being able to dream. The International Journal of Psycho-Analysis 84, 593–606.

Ogden, T.（2008）This art of psychoanalysis: dreaming undreamt dreams and interupted cries. Int. J. Psychoanal. 85: 857–877.

岡野憲一郎（1999）新しい精神分析理論．岩崎学術出版社．

小此木啓吾（2001）現代の精神分析．講談社学術文庫．

小此木啓吾ら編（2002）精神分析事典．岩崎学術出版社．

Rachman, A. W.（1997）Sandor Ferenczi: The Psychotherapist of Tenderness and Passion. Aronson.

Rank, O.（1924）The Trauma of Birth, Dover Publications.

Segal, H.（1957）Notes on symbol formation. Int J Psychoanal 38: 391–397.

Stern, D.（1985）The Interpersonal World of the infant: A View from Psychoanalysis and Developmentaal Psychology. Basic Books, New York.

Stoller, R. J.（1985）Presentations of Gender. Yale Univercity Press, New Heaven.

Stolorow, R. D., Brandchaft, B., Atwood, G. E.（1987）Psychoanalytic Treatment: An Intersubjective Aproach. The Analytic Press, Hillsdale.

Strachey, J.（1934）The nature of therapeutic action of psychoanalysis. The International Journal of Psycho-Analysis 15, 127–159.

竹友安彦（1988）メタ言語としての〈甘え〉．思想 768: 122–155.

Winnicott, D. W.（1951）Transitional objects and transitional phenomena. In Playing and Renality. Routledge, London, 1991.

Winnicott, D. W.（1953）Psychosis and child care. In: Through Pediatrics to Psycho-Analysis. Basic Books, New York, 1975.（北山修監訳：児童分析から精神分析へ．岩崎学術出版社，1990.）

Winnicott, D. W.（1956）Primary maternal preoccupation. In Yhrough Pediatrics to Psyacho-Analysis. Basic Books, New York, 1975.

Winnicott, D. W.（1958）Collected Papers: Through Paediatrics to Psycho-Analysis. Tavistock, London.

Winnicott. D. W.（1960）Ego distortion in terms of true and false self. In Winnicott、D. W.（1965）The Maturational Processes and the Facilitating Environment. Hogarth, London.

藤山直樹（2003）逆転移に「利用される」こと――自己愛との交わり．精神分析という営み――生きた空間をもとめて．岩崎学術出版社．

藤山直樹（2008）死と死体のあいだ――らくだ．みすず 50 (10).

Gill, M. M.（1979）The analysis of transference. Journal of the American Psychoanalytic Association 27: 263–288.

Grotstein, J. S.（1979）Who is the dreamer who dreams the dream and who is the dreamer who understands it. Contemp Psychoanal 15: 110–169.

Isaacs, S.（1948）The nature and function of phantasy. Int J Psychoanal 29: 73–97.

Khan, M. M. R.（1972）The use and abuse of dream in psychic experience. In The Privacy of the Self. Karnac, London, 1996.

北山修（1982）悲劇の発生論――精神分析の理解のために．金剛出版．

北山修編・監訳，高橋義人訳（2006）フロイト「ねずみ男」精神分析の記録．人文書院．

Klein, M.（1929）Infantile anxiety-situation reflected in a work of art in the creative impulse. W.M.K. 1.

Klein, M.（1930）The importance of symbol formation in the development of ego. W.M.K. 1.

Klein, M.（1932）The effect of early anxiety situation on the sexual development of the girl. In The Psychoanalysis of Children. Humanity Press, New York, 1969.

Lacan, J.（1954–1955）The Seminar of Jacques Lacan. Book II: The Ego in Freud's Theory and in the Technique of Psychoanalysis, 1954–1955, New York, Norton, 1988.

Laplanche, J. and Pontalis, J. B.（1973）The Language of Psychoanalysis. Karnac, London, 1988.

松木邦裕：私信

McGuire, W.（ed.）（1974）The Freud/Jung Letters: The Corespondence between Sigmund Freud and C. G. Jung. Princeton University Press, p. 4.（金森誠也訳：フロイト - ユンク往復書簡（上・下）．講談社学術文庫，2007.）

Meltzer, D.（1975）The psychology of autistic status and of post-autistic mentality. In Explorations in Autism. Cluny Press, London.

Meltzer, D.（1983）Dream-life. Clunie, London.

Ogden, T. H.（1979）On projective identification. Int. J. Psychoanal. 60: 357–373.

Ogden, T.（1985）On potential space. Int J Psychoanal 66: 129–141.

Ogden, T. H.（1986）Instinct, Phantasy, and psychological deep structure in the work of Melamie Klein. In The Matrix of the Mind. Aronson, Northvale.

Ogden, T. H.（1986）Dream space and analytic space. In The Matrix of the Mind. Aronson, Northdale.（狩野力八郎監訳，藤山直樹訳：こころのマトリックス．岩崎学術出版社，1996.）

Ogden, T. H.（1987）The transitional Oedipal rerationship in Female development. Int J Psychoanal 68: 485.

118.
Doi, T.（1989）The concept of amae and its psychoanalytic implications. International Review of Psychoanalysis 16: 349–354.
土居健郎（1992）信仰と「甘え」. 春秋社.
土居健郎：私信
Fairbairn, W. R. D.（1952）Psychoanalytic Studies of the Personality. Routledge, London.（山口泰司訳：人格の精神分析学的研究. 文化書房博文社, 1992.）
Ferenczi, S.（1988）The Clinical Diary of Sandor Ferenczi. Harvard University Press.（森茂起訳：臨床日記. みすず書房, 2000.）
Freud, A.（1965）Normality and Pathology in Childhood: Asswsments of Development. International Univercity Press, New York.
Freud, S.（1900）The Interpretation of dream. S.E. IV, V.
Freud, S.（1909）Analysis of phobia in a fibe-year-old boy. S.E. 10.
Freud, S.（1914）On narcisism: an introduction. S.E. 14.
Freud, S.（1915）Instincs and their vicissitude. S.E. 14.
Freud, S.（1916–1917）Introductiory Lectures on Psycho-Anarysis. XXIII, S.E. 16.
Freud, S.（1917）Mourning and melancholia. S. E. 14.
Freud, S.（1918）From the History of an Infantile Neurosis. S.E. 17.
Freud, S.（1920）Beyond the pleasure principle. S.E. XVIII.
Freud, S.（1923）The ego and the id. S.E. XIV.
Freud, S.（1925）Some psychical consequense of the anatomic distinction between the sexes. S.E. 19.
Freud, S.（1926）Inhibitions, Symptoms and anxiety. S.E. XX.
Freud, S.（1930）Civilization and its discontents. S. E. 21.
Freud, S.（1933a）New introductory lectures of psychoanalysis. S.E. XVII.
Freud, S.（1933b）Sandor Ferenczi. S.E. 22.
Freud, S.（1937）Analysis Terminable and Interminable. S.E. 23.
Freud, S.（1940）An outline of psycho-analysis. S. E. 23.
藤山直樹（1992）去勢不安の処理の過程について——「移行的な三角形」に着目して. 精神分析研究 36: 17–27.
藤山直樹（1993a）少年ハンスにおけるエディプスコンプレックス. 現代のエスプリ 317: 78–86.
藤山直樹（1993b）エディパル, プレエディパル, 弁証法的対話. 精神分析研究 37: 423–425.
藤山直樹（1993c）原光景幻想のあらわれと変形. 精神分析研究 37: 493–504.
藤山直樹（1994）エディパル, プレエディパル, 弁証法的対話. 精神分析研究 38 (3).
藤山直樹（2001）ものが単なるものでなくなること——わからないこと, 生きていること, 開かれること. 精神分析研究 45 (1): 18–24.

文　献

Abraham, K.（1924）A short study of the development of the libido, viewd in the light of mental disorders.In Selected Papers on Psycho-Analysis.Karnac, London, 1984.

Abelin, E.（1975）Some further observation and comments on the earliest role of the farther. Int Psychoanar 56: 293.

Balint, M.（1952）Primary Love and Psycho-Analytic Technique. Tavistock, London.

Balint, M.（1968）Basic Fault: Therapeutic Aspect of Regression. Tavistock, London.

Bick, E.（1968）The experience of the skin in early object relations. Int J Psychoanal 49: 484–486.

Bion, W. R.（1957）Differentiation of the psychotic from the non-psychotic personalities. The International Journal of Psycho-Analysis 38, 266–275.

Bion, W. R.（1962）A theory of thinking. International Journal of Psychoanalysis 43: 306–310.

Bion, W. R.（1962）Learning from Experience.Karnac. London.

Bion, W. R.（1970）Attention and Interpretation. Tavistock, London.

Bion, W. R.（1977）Seven Servants. Jason Aronson, New York.

Blanton, S.（1971）Diary of My Analysis with Sigmund Freud. Hawthorn.

Blos, P.（1985）Son and Father: Before and Beyond the Oedipus Complex. Macmillan, New York.

Breger, L.（2000）Freud: Darkness in the Midst of Vision. Psychoanalytic Press.（後藤素規・弘田洋二監訳：フロイト——視野の暗点．里文出版，2007.）

Caper, R.（1995）On the difficulty of making a mutative interpretation. The International Journal of Psycho-Analysis 76. 91–101.

Casement, P.（1985）On Learning from the Patient. Tavistock, London.（松村邦裕訳：患者から学ぶ．岩崎学術出版社，1991.）

土居健郎（1956）精神分析．共立出版．

土居健郎（1958）神経質の精神病理——特にとらわれの精神力学について．精神神経学雑誌 60, 733–744.

土居健郎（1960）「自分」と「甘え」の精神病埋．精神神経学雑誌 62: 149–162.

土居健郎（1960）ナルチシズムの理論と自己の表象．精神分析研究 7: 7–9.

土居健郎（1961）精神療法と精神分析．金子書房．

土居健郎（1965）精神分析と精神病理．医学書院．

土居健郎（1971）「甘え」の構造．弘文堂．

土居健郎（1985）表と裏．弘文堂．

土居健郎（1988）「甘え」理論再考——竹友安彦氏の批判に答える．思想 771: 99–

ら・わ行

ま行

や行

た行

な行

は行

さ行

索　引

あ行

か行

著者略歴
藤山直樹（ふじやま　なおき）
1953年　福岡県に生れる。幼少期を山口県の瀬戸内海岸で育つ。
1978年　東京大学医学部卒業
その後，帝京大学医学部助手，東京大学保健センター講師，
日本女子大学人間社会学部教授を経て
現　在　上智大学総合人間科学部心理学科教授
東京神宮前にて個人開業。
国際精神分析学会（IPA）訓練精神分析家，日本精神分析協会運営委員
日本精神分析学会運営委員
専　攻　精神分析
著訳書　精神分析という営み（岩崎学術出版社），心のゆとりを考える（日本放送出版協会），転移 - 逆転移（共著，人文書院），「甘え」について考える（共編著，星和書店），オグデン＝こころのマトリックス（訳，岩崎学術出版社），サンドラー＝患者と分析者［第２版］（共訳，誠信書房），現代フロイト読本１・２（共編著，みすず書房），集中講義・精神分析上・下，続・精神分析という営み（以上 岩崎学術出版社）他
URL: http://www.fujiyamanaoki.com/

精神分析という語らい
ISBN978-4-7533-1037-1

著者
藤山 直樹

2011 年 11 月 15 日　第 1 刷発行

印刷　広研印刷(株)　／　製本　河上製本(株)

発行所　（株）岩崎学術出版社　〒112-0005　東京都文京区水道 1-9-2
発行者　村上　学
電話 03 (5805) 6623　FAX 03 (3816) 5123